Small Talk

Dr. Cornelia Topf

2. Auflage

Haufe

Bibliografische Information der Deutschen Bibliothek

Die Deutsche Bibliothek verzeichnet diese Publikation in der Deutschen Nationalbibliografie; detaillierte bibliografische Daten sind im Internet über http://dnb.ddb.de abrufbar.

ISBN 3-448-06669-9
Bestell-Nr. 00705-0002

1. Auflage 2002 (ISBN 3-448-04873-9)
2.,aktualisierte Auflage 2005

Postanschrift: Postfach, 82142 Planegg
Hausanschrift: Fraunhoferstraße 5, 82152 Planegg
Fon (0 89) 8 95 17-0, Fax (0 89) 8 95 17-2 50
E-Mail: online@haufe.de
Internet: www.haufe.de
Lektorat: Oliver Neumann, Dr. Ilonka Kunow, Sylvia Rein

Satz + Layout: Sylvia Weiß, München
Umschlagentwurf: Agentur Buttgereit & Heidenreich, 45721 Haltern am See
Titelbild und Umschlaggestaltung: Simone Kienle, par:two, büro für visuelles, 70182 Stuttgart
Cartoons: BAASKE CARTOONS, 79379 Müllheim: Jules Stauber, Reinhard Alff, Björn Holm, papan, Henry Büttner, Oswald Huber, Klaus Puth, Johann Mayr
Druck: freiburger graphische betriebe, 79108 Freiburg

Zur Herstellung der Bücher wird nur alterungsbeständiges Papier verwendet.

TaschenGuides – alles, was Sie wissen müssen

Für alle, die wenig Zeit haben und erfahren wollen, worauf es ankommt. Für Einsteiger und für Profis, die ihre Kenntnisse rasch auffrischen wollen.

Sie sparen Zeit und können das Wissen effizient umsetzen:

Kompetente Autoren erklären jedes Thema aktuell, leicht verständlich und praxisnah.

In der Gliederung finden Sie die wichtigsten Fragen und Probleme aus der Praxis.

Das übersichtliche Layout ermöglicht es Ihnen sich rasch zu orientieren.

Anleitungen „Schritt für Schritt", Checklisten und hilfreiche Tipps bieten Ihnen das nötige Werkzeug für Ihre Arbeit.

Als Schnelleinstieg die geeignete Arbeitsbasis für Gruppen in Organisationen und Betrieben.

Ihre Meinung interessiert uns! Mailen Sie einfach unter online@haufe.de an die TaschenGuide-Redaktion.
Wir freuen uns auf Ihre Anregungen.

Inhalt

Vorwort

Es ist wenig erstaunlich, dass sich so viele Menschen für die Kunst des Small Talks interessieren. Denn unsere fehlende Kompetenz in Bezug auf die harmlose Plauderei erleben wir täglich schmerzhaft.

Da läuft einem der oberste Chef über den Weg. Durch diesen Zufall könnten sich die tollsten Möglichkeiten ergeben. Wenn man bloß den Mund aufkriegen würde! Wieder eine Chance verpasst.

Wie wichtig Small Talk in Berufs- und Privatleben für den Erfolg ist, das ist vielen von uns klar. Doch wenn es darauf ankommt, wissen wir plötzlich nicht, was wir sagen sollen. Dabei ist die Fähigkeit, die rechten Worte zu finden, ganz einfach zu erwerben.

Jede(r) kann ein gewandter Small Talker werden. Auch Sie! Dieser TaschenGuide möchte Ihnen dabei helfen. Viel Spaß und Erfolg wünscht Ihnen

Cornelia Topf

Gewinnen mit Small Talk

Was ist an Small Talk anders? Warum wirkt er in vielen beruflichen und privaten Situationen wie ein Zaubermittel? Und warum fällt Ihnen auf Partys, bei einem Meeting oder im Supermarkt manchmal einfach nichts ein? Das erfahren Sie in diesem Kapitel.

Was ist Small Talk?

Viele Menschen haben Sprechhemmungen und können nicht einfach drauflos plaudern. Auf Partys, bei Meetings, Geschäftsessen und anderen formellen und informellen Anlässen ist das manchmal sehr unangenehm.

Ein gewandter Small Talker zu sein bewahrt nicht nur vor peinlichen Situationen, sondern es kann auch beruflich weiterbringen. Im Beruf ist Fachkompetenz allein nicht alles. Sie wird oft als gegeben vorausgesetzt. Worauf es häufig ankommt, das ist die Fähigkeit „mit Menschen zu können".

Beispiel: Aufstieg an der Bar
Ein Mann und eine Frau sitzen an der Bar eines Hotels. Der Mann hat einen interessanten Anstecker am Revers und die Dame fragt ihn nach dessen Bedeutung. Man kommt ins Gespräch und redet angeregt über dies und das, auch über den jeweiligen Beruf. Die Dame lässt durchblicken, dass sie mit ihrer derzeitigen Position nicht zufrieden ist: „Bei uns im Unternehmen bringen es IT-Beraterinnen nicht allzu weit." Der Mann sagt: „Sie sind IT-Beraterin? Das ist interessant. Geben Sie mir doch mal Ihre Visitenkarte." Drei Wochen später ruft er an und bietet ihr eine regionale Vertriebsleitung in seinem Unternehmen an.

Sie sehen: Wie gut Sie „mit Menschen können", lässt sich sogar an der Bar beweisen. Das heißt, in einer Gesprächssituation, in der Small Talk gefragt ist. Small Talk macht Spaß und hilft, neue Kontakte zu knüpfen. Darüber hinaus kann er durchaus – ob beabsichtigt und unbeabsichtigt – positive Folgen haben, nämlich wie in unserem Beispiel zum beruflichen Aufstieg verhelfen oder aber im Privatleben der Beginn einer Freundschaft sein.

Was ist an Small Talk anders?

Viele Äußerungen im Alltag sind tendenziell absichtsgeleitet und sachbezogen: „Drück doch nicht immer die Zahnpasta-Tube von oben her aus!" „Wann ist mein Auto fertig?" „Der Auftrag muss bis morgen raus!"

Small Talk dagegen ist zunächst absichtsfrei und vor allem beziehungsorientiert: „Wie geht's Ihnen so? Was macht die Familie?" Mit dem Gesprächsgegenstand selbst verfolgt man nicht das Ziel, den anderen zu einer bestimmten Handlung zu bewegen. Deshalb ist Small Talk, wenn man ihn beherrscht, ungezwungen und relativ offen für unterschiedliche Menschen und Themen. Man plaudert eben locker und unbeschwert.

Oberflächliches Geplauder?

Oft hört man das Vorurteil, Small Talk sei oberflächlich, kein „richtiges" Gespräch, und damit sinnlos. Zum einen ist dies ein Vorwurf, der ins Leere geht. Denn wer stundenlang anstrengende Arbeitsgespräche führen muss, der entspannt auch gerne bei etwas Oberflächlichkeit. Und der tägliche Plausch bietet durchaus geistige Anregungen.

Zum anderen werden solche Vorwürfe oft von Leuten vorgebracht, von denen Small Talk erwartet wird und die ihn nicht beherrschen (zum Beispiel beim Geschäftsessen oder bei einem Empfang). Es geht ihnen wie dem Fuchs in der Fabel: Die Trauben hängen ihnen zu hoch, also behaupten sie einfach, dass sie sauer seien.

Small Talk bedeutet soziale Kompetenz

Die kommunikative Bedeutung von Small Talk ist enorm. Mit Small Talk überwinden wir die Distanz zum anderen. Wir „beschnuppern" uns und bereiten damit die Grundlage für den weiteren Kontakt. Wir erzeugen ein Gemeinschaftsgefühl und schaffen so das ideale Klima für weitere Gespräche. Oder lockern einfach nur die Atmosphäre auf.

■ *Unabhängig vom Gesprächsthema gilt: Wer andere anspricht und auf ihre Gesprächsangebote reagiert, mit ihnen über dies und das plaudert, signalisiert dadurch sein Interesse an ihnen.* ■

Wer die Kunst des Small Talks beherrscht, „kann gut mit Menschen". Er kann auch mit fremden Menschen in ungewohnten Situationen Kontakt herstellen. Er erweist sich als sozial kompetent. Small Talk befähigt ihn zwar noch nicht zur Mitarbeiterführung. Aber wer nicht locker plaudern kann, dem wird es schwer fallen, andere zu motivieren und zu führen – das können Ihnen Mitarbeiter bestätigen, die einen Vorgesetzten haben, der „den Mund nicht aufkriegt".

Was Sie vom Small Talk haben

Bei der zunächst unverbindlichen Plauderei werden Beziehungen geknüpft und gefestigt, Vertrauen hergestellt, Geschäftskontakte angebahnt oder neue Freunde gewonnen. Wie das funktioniert? Man kommt ins Gespräch, stellt schon bald gemeinsame Interessen fest und findet ganz leicht zu den Themen, die „eigentlich" interessieren. Small Talk ist der beste Einstieg für „das Eigentliche".

Einfach nur zum Spaß oder gezielt eingesetzt

Die Kunst des kleinen Gesprächs bringt reichen Segen. Small Talk ...

- ... ist ein Karrierefaktor: Von zwei gleich kompetenten Bewerbern wird der bessere Small Talker befördert bzw. eingestellt.
- ... ist ein Türöffner in neuen, ungewohnten Situationen.
- ... ist die beste Möglichkeit, mit fremden Menschen schnell in Kontakt zu kommen.
- ... ist eine gute Gelegenheit, Kontakte zu Menschen aufzubauen, die man braucht (Networking).
- ... stellt eine persönliche Beziehung zu Menschen her.
- ... schafft in Gesprächssituationen eine aufgelockerte, freundliche Atmosphäre und baut Spannungen ab.
- ... hilft Ihnen, bei anderen ein positives Bild von sich selbst zu erzeugen.
- ... entkrampft schwierige Gesprächssituationen.
- ... dient der Unterhaltung und Entspannung.

Small Talk ist ein Schlüsselfaktor für den beruflichen Erfolg. Eine Studie des amerikanischen Center für Workforce Development zeigte, dass Mitarbeiter siebzig Prozent ihres Wissens über ihren Job und ihre Firma durch Schwätzchen mit den Kollegen erfahren. Grundlegende Bereiche wie Teamarbeit oder die Firmenphilosophie gehören danach ebenso zu den Plauderthemen wie konkrete Tipps zur Erledigung bestimmter Aufgaben.

Manipulieren mit Small Talk?

Viele befürchten, dass man mit gekonntem Small Talk Menschen hemmungslos manipulieren, sie „einwickeln" kann. Wie oft haben wir schon Aufgaben übernommen, die wir eigentlich nicht wollten? „Aber ihr kann ich einfach nichts abschlagen!" Weil wir so schön mit ihr geplaudert und deshalb einen sympathischen und vertrauenswürdigen Eindruck von ihr bekommen haben.

Ist das Manipulation? Das kommt auf die Definition an. Manipulieren heißt: Jemanden mit unfairen Mitteln zu bestimmten Handlungen bewegen, um die eigenen Ziele und Absichten durchzusetzen. In diesem Sinne ist Small Talk nur dann Manipulation, wenn er unfair ist.

Aber Small Talk ist in der Regel nicht unfair. Warum? Weil der Gesprächspartner nicht in seinem Recht beschnitten wird, seine Interessen zu vertreten. Und vor allem, weil er den Small Talk und die damit verbundene Aufmerksamkeit so genoss, dass er quasi als Gegenleistung die ungeliebte Aufgabe übernahm. Resultat: Beide Gesprächsteilnehmer haben dabei gewonnen, ein fairer Tausch also.

Deshalb ist Small Talk ein hervorragendes Instrument, um bestimmte Ziele zu erreichen. Natürlich sind die Grenzen zur Manipulation dabei fließend. Deshalb ist es umso wichtiger, sich bewusst zu machen, welche Folgen der manchmal also nur scheinbar unverbindliche Small Talk haben kann: Wenn Sie selbst mit Small Talk erfolgreicher werden möchten, aber auch, wenn Sie einem Small Talk-Profi begegnen – lassen Sie sich nicht einfach um den Finger wickeln!

Small Talk verschafft Ihnen Vorteile

Wir haben gesehen, was an Small Talk anders ist und was er Ihnen bringen kann. Sehen wir uns nun konkrete Situationen an, in denen Ihnen das kleine, oberflächliche Gespräch große Vorteile verschaffen kann. Nutzen Sie solche Momente! Immer, konsequent und zielstrebig. Eben wie ein echter Small Talk-Profi.

Small Talk mit Führungskräften

Gelingt Ihnen ein kleiner Small Talk mit einem Vorgesetzten, kann das für Sie ein unschätzbarer Vorteil sein. Ihre Kollegen trauen sich nämlich vielleicht *nicht*, diese Person anzusprechen. Durch das kleine Gespräch machen Sie auf sich aufmerksam und können Pluspunkte sammeln. (Wie Sie Ihre Hemmungen im Gespräch mit Autoritäten ablegen, erfahren Sie auf Seite 24 ff.)

Beispiel: Unverhoffte Begegnung im Aufzug

Silke Wittmann steht mit Kollegen im Fahrstuhl. Kurz bevor sich die Türen schließen, hetzt der Finanzchef des Unternehmens herein. Silke meint: „Meine Güte, Sie bewegen sich schneller als die meisten Zwanzigjährigen in diesem Gebäude." Der Finanzdirektor schmunzelt und macht eine charmante Bemerkung. Silke sagt: „Übrigens, ich bin Silke Wittman aus dem Export, Herr Doktor Kleinschmitt." Der Finanzchef ist beeindruckt: Silke ist kommunikativ, kann sich artikulieren – und spricht ihn mit dem Namen an, inklusive akademischem Grad.

In der nächsten Vorstandssitzung erwähnt er die Begegnung beiläufig gegenüber dem Exportchef und kommentiert: „Mit der Wittmann scheinen Sie ja einen guten Fang gemacht zu haben." Dem Exportchef ist Silke bislang nicht aufgefallen. Das hat sich nun geändert.

Wann immer Sie einem „großen Tier" begegnen, kann ein Dreißig-Sekunden-Small Talk mehr wert sein als Wochen harter Arbeit.

Der Chef aller Chefs hetzt vorbei

Noch ein Beispiel dazu: Im Gang begegnen Sie unvermutet dem Vorstandsvorsitzenden Ihrer Firma. Viele Menschen blicken in einem solchen Augenblick zur Seite, gehen rasch weiter und murmeln einen halb verständlichen Gruß. Schade! Denn das ist eine verpasste Gelegenheit.

■ *Führungskräfte sollten Sie immer ansehen und grüßen! Mit einem freundlichen Blick, einem Lächeln, indem Sie dem anderen den Körper zuwenden und ihn mit Titel und Namen anreden.* ■

Also zum Beispiel: „Guten Morgen, Herr Direktor Meier!" Dr. Meier wird vielleicht nur ein flüchtiges „Morgen" murmeln – aber Sie sind ihm aufgefallen. Und das möchten Sie. Beim zweiten oder dritten Mal hält Dr. Meier inne und das nutzen Sie zur Vorstellung: „Ich bin Andrea Schmitt aus der Bilanzbuchhaltung." Treffen Sie ihn erneut, hat er Ihren Namen vermutlich wieder vergessen. „Guten Tag Herr Direktor Meier. Sie erinnern sich vielleicht an mich, ich bin Andrea Schmitt aus der Bilanzbuchhaltung." Doch beim nächsten Mal erkennt er Sie wieder – und dann können Sie ein kleines Gespräch anknüpfen.

Zugegeben, am Anfang kostet das ein bisschen Mut. Aber wenn Sie mal nachdenken: Alles, was sich lohnt, kostet am Anfang Mut. Die erste Tanzstunde, das erste Bewerbungsgespräch, der Heiratsantrag ...

Kontakte knüpfen

Beipiel: Das Schweigen im Frühstücksraum

In einem Frankfurter Hotel sitzen zur Messezeit im Frühstücksraum lauter Verkäufer und Geschäftsleute. Alle sind schweigend und grußlos hereingekommen und haben sich weitgehend stumm gesetzt. Das muss man sich vorstellen! Menschen, die fürs Verkaufen, Reden und Geschäftemachen bezahlt werden, sitzen stumm wie die Fische da.

Dann kommt Peter Panczak. Mit einem Kopfnicken und einem Lächeln grüßt er die Menschen, an denen er vorbeigeht. Am Büfett sagt er zu seinem Nachbarn: „Der Lachs sieht aber gut aus. Haben Sie ihn schon probiert?" Man wechselt ein paar Worte.

Am selben Tag laufen sich die beiden auf der Messe über den Weg. Der Frühstücksnachbar erkennt Peter wieder und knüpft nun seinerseits ein Gespräch an. Es stellt sich heraus, dass er ein millionenschwerer Einkäufer ist. Peter hat einen neuen Interessenten gewonnen – am Frühstücksbüfett!

■ *Reden Sie mit möglichst vielen Leuten ein paar Takte. Sie erfahren nie, welcher wertvolle und wichtige Mensch neben Ihnen steht, wenn Sie ihn nicht ansprechen.* ■

Selbst wenn sich von zehn Kontakten nur einer als nutzbringend herausstellt, ist das eine tolle Quote - denn ohne den Small Talk hätten Sie nicht einmal diesen einen gewonnen. Außerdem hatten Sie bei den restlichen neun Ihren Spaß und haben viele neue Menschen kennen gelernt.

Passt Small Talk immer?

Achtzig Prozent unserer täglichen Kommunikation sind im Grunde nichts anderes als kleine Wortplänkeleien. Deshalb ist Small Talk so wichtig. Trotzdem ist die Verunsicherung in Bezug auf Small Talk bei vielen Menschen groß. Die meisten wissen nicht genau, in welchen Situationen er geradezu eine gesellschaftliche Verpflichtung und wann er ein unverzeihlicher Fauxpax ist.

Wichtig ist, dass Sie sich fragen: In was für einer Situation befinde ich mich? Ist ein kleines Gespräch nützlich, erwünscht oder sogar ein absolutes Muss? Oder wäre es jetzt vollkommen fehl am Platz? Gehen wir einige typische Situationen durch.

Wann Small Talk erwartet wird

Es gibt Situationen, in denen von Ihnen erwartet wird, dass Sie Small Talk pflegen – Sie sind quasi zum Small Talk verpflichtet. Dazu gehören Partys, Empfänge, Besuche von Geschäftspartnern oder Kaffeepausen bei Tagungen und Besprechungen.

■ *In fast allen Situationen, in denen Menschen versammelt sind, ist Small Talk nützlich und hilfreich.* ■

Wenn Sie in diesen Situationen schweigen wie ein Fisch, könnte das peinlich auffallen. Oder die anderen nehmen Sie schlicht nicht wahr. Je höher Ihre Position in einem Unternehmen, je größer Ihre Ambitionen oder je stärker Ihr Wunsch, von anderen akzeptiert und als sympathisch wahrgenommen zu werden, desto zwingender wird diese Verpflichtung zum Small Talk.

Kommen Sie ihr nicht nach, dann könnte Ihnen das passieren, was einem leitenden Angestellten eines Elektrokonzerns jüngst passierte.

Beispiel: Die verpasste Beförderung
Als im Zuge einer anstehenden Beförderung das Gespräch auf Manfred Müller kommt, sagt der Geschäftsführer: „Der Müller? Ein guter Mann. Macht aber auf dem gesellschaftlichen Parkett eine schlechte Figur." Damit spielt er darauf an, dass Manfred Müller sich bei einem Essen für einen wichtigen Kunden nicht so versiert am Dinner-Gespräch beteiligt hat, wie man es von einem Repräsentanten des Unternehmens erwartet.

Im Beruf kann die Fähigkeit zum Small Talk ab einer bestimmten Hierarchieebene entscheidend zum Vorwärtskommen beitragen. Auch gesellschaftlich ist Small Talk wichtig: Einen netten Plauderer lädt man gern wieder ein.

Small Talk in der Beziehung

Wie wichtig das kleine Gespräch in der Partnerschaft ist, wissen wir alle. Denken Sie nur an die Horrorszenen aus Film und Fernsehen, wo sich die Eheleute am Frühstücks- und Mittagstisch, im Urlaub, nach Feierabend, vor dem Einschlafen oder nach dem Aufwachen anschweigen. Dann hagelt es Vorwürfe von beiden Seiten. „Du redest nie mit mir!" „Deine Zeitung ist dir wichtiger als ich!" „Mit dir kann ich eben nicht über meine Arbeit reden!"

Die meisten Beziehungen gehen kaputt, weil die Partner nicht gelernt haben, miteinander zu reden. Damit sind nicht nur die großen Worte zu Heirat, Kinder und Haus gemeint. Nein, es geht auch um den kurzen, freundlichen Dialog beim Nachhause-Kommen, um die freundschaftliche Begrüßung, die Frage nach dem Tagesverlauf des anderen – Small Talk eben. Small Talk kann dazu beitragen, dass Ehen und Beziehungen lebendig bleiben und länger halten.

Wann Small Talk „verboten" ist

Natürlich gibt es Situationen, in denen ein Small Talk nicht angebracht ist. Wenn sich zum Beispiel der beste Freund eben von seiner langjährigen Partnerin getrennt hat, ist es eine Todsünde, ein Gespräch über das Wetter zu beginnen. Hören Sie auf Ihr Gefühl, den gesunden Menschenverstand, um einschätzen zu können, ob Small Talk passt oder nicht.

Verlassen Sie sich auf Ihr gesundes Einfühlungsvermögen, um zu erkennen, wann Small Talk nicht angebracht ist.

Small Talk ist nicht gleich Small Talk

Zaghafte, schüchterne oder im Small Talk unerfahrene Menschen drücken sich oft in Situationen um einen Small Talk, in denen er nötig wäre. Nehmen wir die angesprochene Trennung: Der Freund will zwar nicht, dass Sie übers Wetter reden. Er erwartet jedoch, dass Sie in aller Kürze etwas zu seiner persönlichen Situation sagen.

Wenn Ihnen nichts einfällt, liegt das vermutlich daran, dass Sie sich unter Druck setzen: „Oje, was sage ich denn jetzt? Was könnte ihn trösten?" Vergessen Sie diese Stimmen im Kopf einfach. Fragen Sie sich stattdessen, was Sie an der Situation interessiert – und schon haben Sie Dutzende Fragen und Bemerkungen, mit denen Sie ein Gespräch unter Freunden beginnen können: Warum habt ihr euch getrennt? Wie fühlst du dich? Was hat sie gesagt?

Checken Sie die Erwartungshaltung des anderen

Es gibt noch eine Situation, in der Small Talk prinzipiell unangebracht ist: wenn konkrete Informationen von einem erwartet werden. Kennen Sie das? Ihr Gesprächspartner redet und redet – übers Wetter, die Familie, den Fußball. Und Sie warten fingertrommelnd darauf, dass der Dampfplauderer endlich mit dem Verkaufsbericht herausrückt.

■ *Fragen Sie sich: Erwartet der andere etwas Konkretes von mir? Wenn nicht: grünes Licht für Small Talk!* ■

Small Talk für Anfänger

Die meisten Menschen kennen die Vorteile des Small Talk recht gut. Sie reagieren im Alltag oder in Seminaren meist so darauf: „Natürlich weiß ich, wie nötig und nützlich Small Talk ist, aber ich lerne das nie!" Dass sie sich selbst deshalb oft Vorwürfe machen, ist zwar verständlich, aber im Grunde unberechtigt. Haben Sie als Anfänger Nachsicht mit sich. Denn was Sie nicht gelernt haben, das können Sie auch nicht beherrschen.

So werden Sie Ihre Angst los

Wenn Menschen nicht gut plaudern können, liegt das meistens daran, dass sie Angst haben. Angst, sich zu blamieren, keine Worte zu finden, hängen zu bleiben ...

Erinnern Sie sich!

Sie können Ihre Ängste und Hemmungen relativ rasch loswerden, wenn Sie ein wenig in der Vergangenheit herumstöbern. Wann hatten Sie das letzte Mal so richtig Spaß in einer Gruppe oder mit einem anderen Menschen? Haben Sie dabei auch geredet? Mit Sicherheit. Ist Ihnen aufgefallen, wie locker, gelöst, sprachgewandt, witzig, schlagfertig, geistreich und zufrieden, ja glücklich Sie dabei waren?

Seltsam, nicht? Haben Sie in dieser Situation krampfhaft nach Worten gesucht? Haben Sie sich gefürchtet, hängen zu bleiben oder etwas Dummes zu sagen? Haben Sie dabei eine Sprechhemmung gehabt? Nein, gewiss nicht. Warum nicht? Aus einem ganz einfachen Grund: Jeder ist ein Small Talk-Genie – in ganz bestimmten Situationen. Warum? Auch das hat einen simplen Grund: Sie haben Interesse.

Die Essenz des Small Talks

So einfach ist das. Interesse ist die Essenz des Small Talks. Wenn Sie Interesse für etwas haben, wissen Sie immer, was Sie sagen sollen. Vor allem: Dann haben Sie keinerlei Angst, keinerlei Hemmungen mehr vor einem Gespräch. Oder ist es Ihnen schon mal passiert, dass Sie sich brennend für eine Mallorca-Reise interessierten und nicht wussten, was Sie mit der Angestellten im Reisebüro reden sollen? Gewiss nicht.

■ *Interesse überwindet jede Sprechbarriere.* ■

Sobald Sie genügend Interesse aufbringen, wird jede Hemmung verfliegen, und es wird Ihnen jedes Gespräch gelingen.

Entdecken und kultivieren Sie Ihr Interesse

Um Ihre Sprechhemmungen zu überwinden, müssen Sie also erst einmal Interesse an einem Thema oder an einer Person aufbauen. Dann werden Sie Ihre Angst zu sprechen buchstäblich vergessen. Wenn das Interesse größer ist als die Angst, verschwindet sie.

Das interessiert mich aber nicht!

Viele Menschen stoßen bei Ihren Überlegungen auf ein überraschendes Hindernis: „Ich muss mich beim Opernabend mit den Leuten unterhalten können – aber ich interessiere mich nun mal nicht für Opern!"

Uns Menschen ist die Neugier angeboren. Denken Sie nur an die neugierigen Fragen eines Dreijährigen! In diesem Alter waren wir alle unerschöpflich neugierig. Diese Neugier ist im Laufe unseres Lebens nicht verschwunden, nur verschüttet. So seltsam es klingt: Die meisten Menschen wissen lediglich nicht mehr, was sie interessiert. Sie müssen ihre Interessen erst wieder neu entdecken.

Wofür interessieren Sie sich?

Jeder Mensch hat ganz spezifische Interessen. Folgende Fragen helfen Ihnen das herauszufinden, bevor Sie sich mit jemandem unterhalten. Ihr Gegenüber interessiert sich zum Beispiel

- für Sachthemen: Was weiß der, mit dem ich gleich reden muss, über ein Thema, das mich interessiert?

- für Menschen: Was ist sie für eine Person? Was mag sie, was nicht? Was liest, sieht, hört, isst sie gern?
- für Emotionen: Wie geht es ihm? Wie fühlt er sich? Warum sieht er so bedrückt oder fröhlich aus? Was denkt er über dies oder jenes?

Wofür interessieren Sie sich? Überlegen Sie mal. Es dürfen ruhig mehrere Interessen sein. Je mehr, desto besser.

■ *Halten Sie Ihre Hauptinteressen als Rettungsanker für den Small Talk bereit. Wann immer Sie in Schwierigkeiten geraten, besinnen Sie sich darauf. Damit lösen Sie jede Sprechhemmung.* ■

Kein Fortschritt ohne Neugier

Haben Sie keine Scheu vor Neugier! Neugier ist die Triebfeder aller wesentlichen Fortschritte. Einstein beispielsweise hat die Relativitätstheorie bestimmt nicht aus Langeweile entwickelt, sondern weil er neugierig war.

Je neugieriger Sie sind, desto besser für Sie und Ihre Gesprächspartner. Selbst wenn die Oper Sie nicht interessiert, können Sie sich für die Besucher, die Kostüme, die Snacks in der Pause und vieles mehr interessieren.

Interesse zu entwickeln heißt nicht, andere regelrecht auszufragen. So klug sind wir alle, dass wir eine gesunde, erfrischende Neugier von einem KGB-Verhör unterscheiden können. Man kann auch auf höfliche Weise neugierig sein.

Insbesondere den Älteren unter uns hat man im Elternhaus eingetrichtert: „Sei nicht so neugierig!“ Man hat uns suggeriert, dass Neugier etwas Unanständiges sei. Das Gegenteil ist der Fall: Neugier bedeutet, dass Sie sich für etwas oder für einen Menschen interessieren. Und das schmeichelt dem anderen. Jeder möchte beachtet werden, Aufmerksamkeit erlangen. Also: Seien Sie neugierig. Die Menschen um Sie herum mögen das.

Probieren Sie es aus!

Machen Sie die Probe aufs Exempel. Denken Sie an einen Menschen, den Sie nachher oder morgen mit hoher Wahrscheinlichkeit treffen werden und mit dem Sie bislang nie oder selten ein Wort gewechselt haben. Suchen Sie sich dafür jedoch nicht gleich einen „Problemkunden" wie den Vorstandsvorsitzenden Ihrer Firma oder Ihren heikelsten Nachbarn aus.

■ *Auch für Ihr Small Talk-Training gilt: Beginnen Sie klein. Vom Leichten zum Schwierigen.* ■

Wählen Sie zum Beispiel den Schaffner im Zug, einen Mitreisenden in der S-Bahn, eine fremde Kollegin, einen Bekannten etc. Dann fragen Sie sich:

- Wo hake ich bei ihm oder ihr ein?
- Was interessiert mich an ihm oder ihr?
- Was interessiert mich, das er oder sie wissen könnte?

Formulieren Sie eine unverbindliche Frage oder eine höfliche Bemerkung – und schon haben Sie einen Gesprächsanfang. Wie Sie das Gespräch weiterführen, das sehen wir uns später an (Seite 41).

Verabschieden Sie Ihre Hemmungen

Es gibt Menschen, die von sich sagen: „Ich kann einfach nicht frei und ungezwungen reden!" Ich verstehe, wenn Sie so denken und fühlen. Vor allem, wenn Sie gerade einen interessanten Menschen kennen gelernt und wieder kein vernünftiges Wort herausgebracht haben.

Die Gedanken machen sich selbstständig

Warum gelingt uns in Situationen, in denen es „drauf ankommt", meist kein vernünftiger Satz? Das hat einen einfachen Grund: unsere Gedanken und Sorgen über uns und die Situation.

Was geht Ihnen im entscheidenden Moment durch den Kopf?

Denken Sie an eine Situation, in der es Ihnen bisher schwerfiel oder gar nicht gelang, einen Small Talk zu führen. Stellen Sie sich den oder die konkreten Gesprächspartner vor, mit denen Sie besondere Schwierigkeiten hatten, ins Gespräch zu kommen. Welcher Gedanke schießt Ihnen dazu automatisch durch den Kopf?

Meist sind es Gedanken wie:

- „Worüber soll ich bloß mit ihm reden?"
- „Ich muss eine gute Figur machen."
- „Was soll er von mir denken, wenn ich ... „

Welche Gedanken gehen Ihnen noch durch den Kopf? Sie wissen inzwischen, dass Sie mit Hilfe einer gesunden Neugier auf Personen und Dinge jede Small Talk-Situation meistern können. Doch genau dieses rettende Interesse wird durch solch negative Gedanken unterdrückt. Wer Angst hat, sich zu blamieren, kann keine gesunde Neugier entwickeln. Die Furcht vor Ablehnung und Blamage ist stärker als das Interesse. Wann immer Ihnen solche Gedanken durch den Kopf gehen, besinnen Sie sich also auf Ihr Interesse an Ihrem Gegenüber oder an der Situation.

Wettstreit zwischen Gedanken und Interesse

Dazu reicht es schon aus, dass Sie Ihre Aufmerksamkeit auf Ihre Gedanken richten und sie als solche identifizieren: Es sind Gedanken, Ängste – keine Tatsachen. Machen Sie sich bewusst, dass diese Gedanken das lähmen, was Sie weiterbringen könnte. Machen Sie sich klar, was Sie diese Gedanken kosten. Konzentrieren Sie sich dann auf Ihr Interesse an Situation oder Gesprächspartner, und die Gedanken werden verschwinden.

Dieser Wettstreit zwischen Ihren Ängsten vor Zurückweisung und Blamage einerseits und Ihrem rettenden Interesse andererseits wird immer stattfinden. Selbst erfahrene Small Talker werden von Sorgen heimgesucht. Doch im Gegensatz zum Anfänger wissen sie, wie sie damit umgehen können: Sie tragen diesen Wettstreit bewusst aus und verhelfen ihrem Interesse zum Durchbruch.

> ■ *Versierte Small Talker lassen sich nicht durch die Stimmen im Kopf aus dem Konzept bringen.* ■

Allheilmittel Interesse

Natürlich ist mangelndes Interesse nicht der einzige Grund für Hemmungen beim Small Talk. Einige weitere Gründe behandeln wir in diesem Kapitel ausführlich: die Stimmen im Kopf, die Furcht vor dem *worst case*, die Einflüsterungen des inneren Kritikers, überzogene Erwartungen, um nur einige zu nennen. Es gibt viele Gründe für die Small Talk-Angst. Das Interesse am Gegenüber oder dem Thema hilft in vielen Fällen.

■ *Es gibt viele Ursachen für Sprechhemmungen. Aber nur ein Mittel, das zugleich einfach, praktikabel, effizient und effektiv ist: aufrichtiges Interesse.* ■

Besänftigen Sie die Stimmen in Ihrem Kopf

In vielen Situationen würden Sie Ihrem natürlichen Interesse am Small Talk liebend gern Vorrang geben. Doch wie soll das gehen, wenn Ihnen ständig Gedanken durch den Kopf spuken wie:

- „Warum soll er sich mit mir abgeben?"
- „Ich habe doch viel weniger Ahnung davon als er!"
- „Sie ist so toll und ich bin bloß eine kleine Tippse!"

Treiben Sie es ad absurdum!

Diese Stimmen, Gedanken oder Gefühle haben mit dem Selbstwertgefühl zu tun und sagen mehr oder weniger: „Ich bin es nicht wert, dass er/sie mit mir redet."

Nehmen Sie den störenden Gedanken ruhig wahr, denken Sie ihn aber weiter: „Ich bin nur ein Sachbearbeiter und er der große Finanzvorstand. Also wird er sich nicht mit mir unterhalten." Wenn Sie den Gedanken bis an diese Stelle fortspinnen, erkennen Sie, wie absurd er ist: Eine Führungskraft verweigert ein belangloses Gespräch mit einem Mitarbeiter? Unwahrscheinlich, denn gerade beim Small Talk spielen fachliche Kompetenz oder Hierarchien keine große Rolle, sondern das Interesse, dass Sie jemandem entgegenbringen.

Das Worst Case-Szenario

Wenn uns der Mut für ein Gespräch fehlt, liegt das meist daran, dass wir keine Zurückweisung riskieren wollen. Also lassen wir es lieber gleich. Es gibt bessere Lösungen!

Was kann schon passieren?

Das Problem an der Angst vor der Zurückweisung ist, dass die Angst immer schlimmer ist als die Zurückweisung.

Warum sprechen wir einen interessanten Menschen nicht an, wenn wir ihn sehen? Weil wir die Abfuhr fürchten. Wenn Sie diese Angst bei sich entdecken, fragen Sie sich: Was kann schlimmstenfalls passieren? Sie werden sich wundern.

Denn selbst wenn wir uns die schlimmste Zurückweisung ausdenken, fällt uns dabei auf: Es tut nicht weh wie ein gebrochenes Bein. Ich werde weder Gesundheit noch Job dabei verlieren. Es kostet mich kein Vermögen. Damit reduziert sich die Furcht bereits beträchtlich.

Was aber, wenn andere über Sie lachen? Dann lachen Sie mit und sagen: „Tja, ging gründlich schief. So ist das Leben. Wenigstens habe ich's probiert." Im Gegensatz zu den Lachern – und damit sind Sie derjenige, der zuletzt lacht.

Die Angst vor der Blamage

Stellen Sie sich den schlimmsten Fall vor: Was könnte schlimmstenfalls passieren, was könnte der andere sagen, von Ihnen denken? Dann stellen Sie sich vor, wie Sie überlegen und abgeklärt darauf reagieren werden. Sobald Sie sich dieses „Hintertürchen" für den *worst case* ausgedacht haben, verschwindet die Angst. Denn selbst wenn es in der Gesprächssituation zum Schlimmsten kommen sollte, wissen Sie, was Sie tun müssen.

Das ist es nämlich, was unsere Angst verstärkt: Meist fürchten wir noch mehr als die Blamage selbst, dass wir nicht mit ihr umgehen können.

■ *Wenn Sie wissen, wie Sie mit einer Situation umgehen können, verschwindet die Angst davor.* ■

Den inneren Kritiker managen

Wie wir gesehen haben, schwirrt uns der Kopf vor einem kleinen Gespräch nur so vor hemmenden Gedanken. Doch auch während eines Gesprächs kommen solche Gedanken immer wieder hoch:

- „Was rede ich denn da wieder?"
- „Meine Güte, das versteht doch keiner!"
- „Schon wieder verhaspelt – ich blamiere mich!"

Diese Gedanken lassen sich auf einen Nenner bringen: „Was ich sage, ist nicht gut genug!" Das sind typische Gedanken des inneren Kritikers. Sie halten viele Menschen davon ab, sich an einem Gespräch zu beteiligen. Oder sie verleiten sie dazu, dies nur sehr gehemmt zu tun. Jeder von uns kennt den inneren Kritiker.

Vertrauen Sie diesbezüglich nur einem Urteil: dem Ihres Gesprächspartners.

Was der innere Kritiker sagt, entspricht meistens nicht der Realität. Das sieht man an den Reaktionen der Zuhörer: Während der Sprechende sich gerade schlimmste Selbstvorwürfe macht, hängen die Zuhörer an seinen Lippen. Ihnen ist es nämlich egal, wie oft er sich verhaspelt. Sie sind nur an dem interessiert, was er zu sagen hat. Außerdem verhaspeln sie sich genauso oft.

Niemand will ein perfektes Gespräch

Die Menschen möchten sich mit Ihnen unterhalten – das ist alles. Tun Sie ihnen den Gefallen. Wann immer also der innere Kritiker wieder meint: „Das ist nicht gut genug formuliert!", erwidern Sie: „Mag sein, doch das spielt keine Rolle. Schau dir die Leute an – die haben ihre Freude an dem Gespräch. Also lass mich in Ruhe!" Wenn wir uns konstruktiv mit ihm auseinander setzen, schweigt der innere Kritiker – und meldet sich in Zukunft immer seltener zu Wort.

Stellen Sie keine zu hohen Ansprüche

Viele Menschen, die aufgrund ihrer beruflichen Position Small Talk führen müssten, schaffen es nicht. „Das ist alles so banal und abgedroschen! Ich kann es nicht glauben, dass Menschen sich mit solchen Plattheiten abgeben!", sagen sie.

Mit dieser Einstellung im Hinterkopf ist kein Small Talk zu machen; da helfen alle Tipps der Welt nicht. Sie brauchen eine positive Haltung. Wenden Sie zur Verwandlung einer negativen Einstellung in eine positive dieselbe Technik an wie bei der Überwindung des inneren Kritikers: Diskutieren Sie den hinderlichen Gedanken mit sich.

Positive Einstellungen finden

Das geht etwa so: „Stimmt, das ist alles super oberflächlich. Aber deshalb machen die Menschen doch Small Talk! Nicht um schweißtreibend tief zu schürfen, sondern um sich zu entspannen."

Wenn Sie nichts für das Small Talk-Motiv Entspannen übrig haben, suchen Sie nach einem anderen Motiv: Kontakte knüpfen und pflegen, interessante Informationen herausfinden, Spannungen abbauen und ein gutes Gesprächsklima für weitere Kommunikation schaffen. Sie werden bald feststellen, dass Small Talk viel Spaß macht, auch wenn er an der Oberfläche bleibt.

So plaudern Sie souverän

Wie beginne ich den Small Talk? Wie komme ich auf Partys mit Gruppen ins Gespräch? Unterschiedliche Gesprächssituationen erfordern unterschiedliche Techniken. In diesem Kapitel erfahren Sie, welche Techniken Sie wie und wann anwenden können.

Wie gelingt der „Kaltstart"?

Die richtige Einstellung ist die halbe Miete

Die größten Hemmungen haben angehende Small Talker erfahrungsgemäß beim „Kaltstart": „Ich habe diesen Menschen noch nie gesehen und soll jetzt mit ihm reden? Unmöglich! Über was denn?"

Das Glas ist halb voll, nicht halb leer

Erfahrene Small Talker denken anders: „Ich habe ihn noch nie gesehen – also gibt es wahnsinnig viel, das ich über ihn herausfinden kann! Toll!" Mit dieser Einstellung läuft es beim Small Talk schon fast wie von allein, denn die Neugierde ist dabei ein guter Motor.

Was interessiert Sie?

Wenn Sie im Stress des Erstkontaktes nicht in der Lage sind, auf „positive Einstellung" umzuschalten, behelfen Sie sich wie folgt: Fragen Sie sich, was Sie an Ihrem potenziellen Gesprächspartner interessiert. Das kann selbst bei einem Menschen, den Sie kaum oder gar nicht kennen, eine ganze Menge sein:

- „Lieber Herr Meier, mein Chef hat Sie angekündigt – aber mehr als Ihren Namen weiß ich nicht von Ihnen. Das hat mich neugierig gemacht: Was ist der Zweck Ihres Besuches? Wo arbeiten Sie? Was tun Sie dort?"

- „Ich weiß eigentlich nur über Sie, dass Sie in der IT-Branche arbeiten. Was genau tun Sie denn?" Oder: „Erzählen Sie mir ein bisschen mehr?"

Und schon hat ein interessantes Gespräch begonnen!

Verzichten Sie auf auswendig gelernte Floskeln

Es gibt Menschen, die fühlen sich beim Small Talk so unsicher, dass sie Sätze wie die obigen auswendig lernen und dann abspulen, um sich zu retten. Sie erreichen damit das Gegenteil dessen, was Sie erreichen wollen.

■ *Small Talk pflegen Sie nicht mit Floskeln, sondern mit Interesse.* ■

Floskeln sind ein zweischneidiges Schwert

Zwar bringen auch Floskeln ein Gespräch in Gang. Doch es wird bald wieder versiegen. Denn Ihr Gesprächspartner bemerkt schnell, dass Sie kein echtes Interesse an ihm haben und lediglich Floskeln verwenden. Wundern Sie sich deshalb nicht, wenn er ernüchtert oder verärgert reagiert und kein Interesse an dem Gespräch hat.

Wenn Sie einen der Mustersätze in diesem Buch benutzen, dann interessieren Sie sich für die Antwort am besten so, als würde Ihr ganzes Glück davon abhängen. Keine Floskel der Welt kann ein Gespräch aufrechterhalten. Das kann nur Ihr Interesse (zum Thema Floskeln mehr auf Seite 96).

Standard-Gesprächsstarts

Manchmal ist man nicht in der Lage, einen Einstieg in den Small Talk zu finden. Dann hilft der Blick auf Standardthemen:

- Knüpfen Sie an Feiertage oder die Jahreszeit an: „Na, waren Sie schon im Urlaub?" „Die Feiertage gut überstanden?"
- Sprechen Sie etwas Auffälliges an: „Was für einen Pokal haben Sie denn da im Regal?" „Ein schönes Jackett – sieht aus, als ob es aus Italien käme!"
- Sprechen Sie aktuelle Themen an: „Haben Sie gelesen, dass das neue Museum doppelt so teuer werden soll wie geplant?"
- Viele Männer reden gern über Sport. Machen Sie sich das zunutze: „Wie finden Sie es, dass die Fußballweltmeisterschaft in *zwei* Ländern stattfindet?" Interessiert sich Ihr Gesprächspartner nicht für Sport, machen Sie das zum Thema: „Ach, Sie finden Fußball albern? Welche Sportarten mögen Sie?"
- Bitten Sie um Informationen (Uhrzeit, Richtung, Weg): „Wissen Sie, ob der Zug Verspätung hat?" Im Anschluss daran: „Wo fahren Sie hin?" Diese Anknüpfung ist eine der besten: Denn kein Mensch lehnt eine so minimale Hilfe ab.
- Die meisten Menschen reden gern über das Wetter – als Start also ideal! Und unversehens sind Sie bei Themen wie dem letzten Urlaub oder den Plänen für das Wochenende.
- Bieten Sie jemandem eine Zigarette an oder fragen Sie nach Feuer – der am häufigsten benutzte Kaltstarter für Small Talk. Selbst wenn der andere nicht raucht, ist man im Gespräch: „Oh, Sie rauchen nicht? Na, ich will es mir unbedingt abgewöhnen ..."

Voraussetzungen für den Kaltstart

Meistens weiß man, wann einen Kaltstarts erwarten könnten. Also legen Sie sich am besten schon mal drei entsprechende Themen bzw. Eröffnungen zurecht. Das verleiht Sicherheit.

Über diese Themen müssen Sie selbstverständlich reden wollen und können. Wenn Sie das Wetter nicht interessiert, wählen Sie etwas anderes. Es gibt genug. Sie haben die freie Auswahl.

Haben Sie Mut zur Wissenslücke

Wenn Sie sich in Bezug auf ein Thema nicht besonders gut auskennen, ist das kein Hinderungsgrund. Manchmal trifft sogar das Gegenteil zu. Denn viele Gesprächspartner sind entzückt, wenn sie jemanden treffen, dem sie alles, was sie zu einem bestimmten Thema wissen, erzählen können.

Schenken Sie Aufmerksamkeit

Small Talk-Profis stellen sich oft sogar absichtlich naiv, damit der andere sich profilieren kann. Er wird Ihnen dankbar sein. Gute Verkäufer kennen das. Sie haben daraus einen etwas zynischen Spruch abgeleitet: Wenn Sie jemandem Geld schenken, gewinnen Sie seine Aufmerksamkeit. Wenn Sie ihm Ihre Aufmerksamkeit schenken, gewinnen Sie sein Geld. Dieser Leitsatz lässt sich auf den Small Talk übertragen.

■ *Schenken Sie Ihrem Gegenüber Ihre Aufmerksamkeit, und Sie gewinnen sein Interesse an Ihnen.* ■

Gespräche auf Partys, Empfängen, Kongressen

Zu Gruppen Kontakt aufnehmen

Wenn zahlreiche Menschen in einem Raum sind, haben viele Menschen Hemmungen, in ein Gespräch einzusteigen. Wollen Sie jemanden ansprechen, der allein dasteht oder -sitzt, können Sie den Kaltstart nutzen (Seite 34). Was aber, wenn es eine Gruppe ist? Stellen Sie sich einfach dazu – und schweigen Sie. Sie wissen schließlich nicht, worum es gerade geht.

■ *Stellen Sie sich zur Gruppe, und zeigen Sie das Markenzeichen jedes Small Talkers: ungeteilte Aufmerksamkeit.* ■

Signalisieren Sie Aufmerksamkeit

Was ist Aufmerksamkeit? Nicken, Mitlachen, Mitschmunzeln, Mitärgern oder Äußerungen wie „Hm", „Ja, genau", „Sage ich auch immer", „Wie meinen Sie das?" „Na, ist vielleicht ein wenig hart formuliert". Nehmen Sie die Stimmung der Gruppe wahr.

Die Gruppe empfindet das nicht als Anbiederung. Sie hat Sie argwöhnisch aus den Augenwinkeln heraus beäugt und denkt nun: „Entwarnung! Das ist einer von uns! Der interessiert sich für uns und unser Thema. Herzlich willkommen bei uns!" Sie werden es an Ihnen zugewandten Blicken, Lächeln und Gesten der anderen bemerken: Jetzt sind Sie akzeptiert! Und genau das wollten Sie erreichen.

Probleme beim „Andocken" an Gruppen

Was tun Sie, wenn das Gesprächsthema der Gruppe, zu der Sie sich gesellt haben, für Sie Neuland ist? Nutzen Sie die Chance, etwas dazuzulernen. Hier einige Beispiele, wie Sie mit dieser Situation umgehen könnten:

- Sie können Ihre Wissenslücke offenbaren: „Entschuldigung, ich bin leider ein Laie, wenn es um Motoren geht. Aber was Sie gerade sagten, interessiert mich sehr. Was genau ist denn ein Common Rail?" Der angesprochene Experte wird Ihnen dankbar sein, dass Sie ihm die Gelegenheit geben, ein bisschen zu glänzen.
- Sie können eine intelligente Frage stellen: „Was bringt einer normalen Autofahrerin wie mir ein Common Rail?"
- Sie zeigen sich beeindruckt: „Woher wissen Sie denn das alles? Das ist ja wirklich beeindruckend!"

Wenn sich jemand über Sie lustig macht

Viele Neulinge im Small Talk wagen nicht zu fragen, weil sie die Blamage fürchten – und den Kommentar: „Was? Sie wissen nicht, was ein Common Rail ist? Aber das weiß man doch!"

Gehen Sie nicht in die Defensive

Für den Fall, dass so etwas – obwohl es relativ unwahrscheinlich ist – geschieht, können Sie sich gedanklich vorbereiten. Verteidigen Sie sich auf keinen Fall so: „Ich bin doch kein Mechaniker. Ich kann das doch gar nicht wissen!" Das zeigt nur, dass Sie sich angegriffen fühlen.

Legen Sie sich stattdessen eine offensive Erwiderung zurecht. Hier einige zur Auswahl – mit aufsteigender Schlagkraft:

- „Nein, ich weiß es nicht. Was ist es denn?"
- „Tja, stellen Sie sich vor, ich weiß es tatsächlich nicht. Erklären Sie es mir?"
- „Oh, jetzt habe ich Sie in Verlegenheit gebracht. Das wollte ich nicht. Sie müssen mir das nicht erklären, wenn Sie es nicht wissen." Der „Angreifer" wird sich beeilen, es Ihnen zu erklären. Denn sonst wäre er vor allen blamiert.

Langweilige Themen

Bitte gedanklich nicht abschweifen!

Manchmal müssen Sie aus unterschiedlichsten Gründen bei einer Gruppe verweilen, die ein aus Ihrer Sicht schrecklich langweiliges Thema bespricht. Wenn Ihre Versuche misslingen, das Gespräch auf ein anderes Gebiet zu lenken, dann schweifen Sie gedanklich trotzdem nicht ab: Die anderen bemerken das und sind verstimmt. Und das wollen Sie sicherlich nicht.

So peppen Sie auch das langweiligste Thema auf

Es gibt einen Trick, selbst das langweiligste Thema interessant zu machen: Finden Sie heraus, weshalb sich die anderen dafür interessieren! Das kann eine der spannendsten Aufgaben überhaupt sein. Manchmal viel spannender als das tatsächliche Gespräch.

Fragen Sie sich: Warum findet ein Mensch Briefmarken interessant? Was muss er denken, fühlen, erlebt haben, um Spinnen zu sammeln? Wozu macht er das? Was gibt es ihm? Sie können diese Fragen ruhig laut stellen. Dadurch wird das Gespräch noch interessanter und fruchtbarer. Denn der andere merkt: Hoppla, der interessiert sich wirklich für mich!

Wie führen Sie ein rundes Gespräch?

Neulinge haben viele Fragen zum Small Talk – vom passenden Thema über den idealen Gesprächsverlauf bis zum Gesprächsende. Hier sind die häufigsten Fragen mit den passenden Antworten.

Was, wenn ich etwas Falsches sage?

Hinter dieser Frage stecken weit verbreitete Versagensängste, die uns daran hindern, andere anzusprechen: Was, wenn ich etwas Falsches sage? Ja – was denn? Wird man mir den Kopf abreißen? Wird mein Chef nie wieder mit mir reden? Wenn Sie sich solche Fragen stellen, nimmt die Angst schon ab. Denn Sie wissen, dass dies nicht eintreten wird. Denken Sie an das Worst Case-Szenario (Seite 28).

■ *Angst ist häufig ein abstraktes Gefühl. Sie verschwindet oft, wenn Sie sie konkretisieren.* ■

So reagieren Sie, wenn Sie etwas Falsches gesagt haben

Überlegen Sie sich vorab Lösungen, wie Sie aus der Bredouille herauskommen können. Zum Beispiel: „Wenn ich …

- … etwas sachlich Falsches sage, kann ich erklären: ‚Tut mir Leid, aber das wusste ich nicht. Danke für den Hinweis.'"
- … etwas sage, das mein Gegenüber aufbringt, kann ich mich entschuldigen: ‚Ich wollte Sie damit nicht angreifen. Ich wusste nicht, dass Ihnen das nahe geht.'"
- … etwas sage, das mir sofort Leid tut, gestehe ich das: ‚Entschuldigung, das ist mir jetzt so rausgerutscht. Ich habe einfach nicht gründlich nachgedacht.'"

Man muss nicht immer das „Richtige" sagen

Machen Sie sich bewusst, dass es beim Small Talk nicht darauf ankommt, immer richtig zu liegen. Viele sagen im kleinen Plausch etwas „Falsches". Aber niemand regt sich darüber auf. Denn beim Small Talk kommt es hauptsächlich darauf an, das Gespräch in Gang zu halten.

Oft gelingt das sogar dann am besten, wenn Sie etwas „Falsches" sagen oder Wissenslücken eingestehen: „Was? Der Spitzensteuersatz liegt in Deutschland unter sechzig Prozent? Das wusste ich nicht. Warum beklagen sich dann alle über eine zu hohe Einkommenssteuer?" Und schon sind Sie mitten in einer herrlichen Diskussion!

Also: Nur zu, trauen Sie sich. Sagen Sie ruhig etwas Falsches, gestehen Sie eine Wissenslücke – und machen Sie dann Small Talk über die Wissenslücke.

Wie findet man ein gemeinsames Thema?

Small Talk-Neulinge fürchten oft, dass man sich verlegen anschweigt, weil man kein gemeinsames Thema findet. Um das zu vermeiden, hilft der Kaltstart (Seite 34). Aber was, wenn Sie dabei zufällig ein Thema erwischen, das Ihr Gegenüber überhaupt nicht interessiert? Dann machen Sie eben seine Abneigung zum Thema! „Sie hassen Sport? Warum denn?" Auf Warum-Fragen bekommen Sie immer eine Antwort.

Und so hangeln Sie sich weiter. Er hasst Sport, weil er sich als Kind das Bein gebrochen hat und wochenlang liegen musste. Dabei hat er das Lesen als Hobby entdeckt. Sie wiederum sehen lieber fern, als dass Sie lesen. Neulich lief eine wunderbare Sendung über Wandbehänge – und ehe Sie sich versehen, sind Sie bei Gobelins gelandet und rufen beide: „Meine Güte, Sie interessieren sich auch für mittelalterliche Wandbehänge in Gutshäusern?"

■ *Um ein gemeinsames Thema zu finden, müssen Sie lediglich den Ball so lange am Laufen halten, bis Sie eines entdecken.* ■

Natürlich kann es bei den ersten zwei, drei Sätzen zu Anfangsschwierigkeiten kommen. Das Gespräch läuft eben nicht auf Anhieb rund. Das ist normal. Wann immer zwei Menschen miteinander sprechen, müssen sie sich erst aufeinander einstimmen.

Gibt es „Universal-Eröffnungen"?

Zwei Fragen ermöglichen garantiert einen Kaltstart und eröffnen mit absoluter Sicherheit ein gemeinsames Thema. Sie werden darüber hinaus auch von allen Menschen im deutschsprachigen Raum hundertprozentig akzeptiert:

- Wenn Sie jemanden privat treffen: „Was machen Sie beruflich?"
- Wenn Sie jemanden beruflich treffen: „Was machen Sie so, wenn Sie nicht für die Firma arbeiten?"

Danach kommt ein Gespräch zustande, sofern Sie auch nur ein wenig Interesse an der Antwort des anderen mitbringen. Fragen Sie einfach weiter, bis Sie genau wissen, was er warum, wozu, wann, mit wem macht.

Sie hat ein exotisches Hobby

Sie wenden ein: „Aber was soll ich sagen, wenn sie eines dieser exotischen Hobbys hat, bei denen ich nicht mitreden kann?" Sie müssen nicht mitreden, sondern fragen. Es geht nicht um Mitreden. Es geht um Aufmerksamkeit, Interesse und Respekt. Und wir haben ja schon gesehen, dass sich Themen, von denen Sie nichts verstehen, hervorragend für den Small Talk eignen (Seite 39).

Wie finde ich heraus, was meinen Gesprächspartner interessiert?

Hören Sie zu, er sagt es Ihnen

Die meisten Neulinge denken verunsichert: „Aber ich weiß doch gar nicht, was ihn interessiert!" Das herauszubekommen ist eine der einfachsten Übungen: Hören Sie Ihrem Gegenüber genau zu! Denn das, worüber er redet, interessiert ihn auch. Fragen Sie sich nicht verzweifelt: „Welches Thema soll ich bloß anschneiden?" Drehen Sie den Spieß um. Lassen Sie den anderen das Thema finden. Das heißt, geben Sie ihm erst einmal Gelegenheit zu reden. Dann wird er Ihnen schon sagen, was ihn interessiert.

Viele Menschen gehen anders vor. Sie schneiden Thema A an: Das Gegenüber zeigt kein Interesse. Sie schneiden Thema B an: dito. Und so weiter. Sie versuchen, den anderen mit einem Thema zu beglücken, anstatt ihn selber eines wählen zu lassen. So entwickelt sich kein angenehmer, unterhaltsamer Small Talk.

Wie Sie den großen Schweiger zum Reden bringen

Wenn der andere ein Schweiger ist, wird er Ihnen vermutlich auch nicht indirekt mitteilen, was ihn interessiert. Dann nutzen Sie das, was Sie über ihn wissen oder an ihm sehen:

- Fällt Ihnen etwas an seiner Kleidung auf? Knüpfen Sie an: „Wie ich sehe, tragen Sie eine Bolo Tie ..."
- Er ist selbst im tiefsten Winter braun gebrannt: anknüpfen!
- Fährt er einen besonderen Wagen? Das Thema interessiert ihn garantiert.
- Worauf schaut sie besonders intensiv oder oft? Dann fragen Sie, ob/warum sie das interessiert.
- Was haben Sie über ihn gehört? Ist er ein begeisterter Golfer, Bastler, Sammler? Nutzen Sie diese Hinweise auf seine Interessen.

Viele Small Talk-Anfänger machen den Fehler, dass sie ein beliebiges Thema ansprechen und hoffen, dass es den anderen interessiert. Das ist ein reines Glücksspiel – und Sie liegen fast immer daneben.

Die bessere Methode, einen schweigsamen Menschen zum Reden zu bringen, ist, beim Zuhören oder Zusehen herauszufinden, wo die Interessen des anderen liegen.

Keine Lust auf Small Talk?

Was ist, wenn der andere sich nicht unterhalten will? Das wissen Sie nach dem ersten Anlauf noch nicht. Aber nach dem dritten. Geben Sie sich und dem anderen so viel Zeit. Danach können Sie das Gespräch ruhen lassen – weil es ihm so lieber ist. Sie können auch sicherheitshalber fragen: „Sie möchten sich jetzt lieber nicht unterhalten, oder?"

Wie baue ich ein Gespräch auf?

Eine häufige Frage, auf die es eine präzise Antwort gibt: gar nicht. Zumindest nicht genauso wie etwa eine Präsentation, die einer – je nach Anlass von Ihnen vorbereiteten und zielgerichteten – Struktur folgt.

Der entscheidende Unterschied: Präsentationen sind monologisch, Gespräche dialogisch. Gespräche werden gemeinsam geführt, der „Aufbau" eines Gesprächs besteht also darin, sich für den anderen zu interessieren, zu fragen, herauszufinden, was ihn interessiert, ein Klima des unbeschwerten Miteinander zu schaffen.

Lassen Sie das Gespräch fließen

Das ist doch gerade das Schöne am Small Talk! Man kommt vom Hundertsten ins Tausendste, von Zahnpflege zu Motoren und von Motoren zu Kochrezepten. Es gibt beim Small Talk eben keine Checkliste „7 Tricks, wie Small Talk gelingt". Nein, es ist viel einfacher: Lassen Sie das Gespräch fließen!

Wenn Ihnen das gelingt, entspannt Small Talk wunderbar. Man kann dabei abschalten, weil man sich vom Verlauf des Gesprächs mittragen lassen kann. Auch deshalb hat Small Talk eine Art therapeutische Wirkung.

■ *Beim Small Talk müssen Sie das Gespräch nicht aufbauen oder leiten. Entspannen Sie sich und lassen Sie es fließen.* ■

Im *Times Magazine* wurde Mitte der Achtzigerjahre eine Studie zitiert. Eine Gruppe von Managern ging zu einem Psychotherapeuten, die Kontrollgruppe besuchte ebenso regelmäßig eine Bar und pflegte den Small Talk. Nach sechs Wochen waren bei leichten Neurosen in *beiden* Gruppen erhebliche Verbesserungen bemerkbar. Na also!

Wie verhalte ich mich, wenn die Konversation stockt?

Eine Gesprächspause ist keine Katastrophe. Sie bedeutet einfach, dass das Interesse der Gesprächspartner am aktuellen Thema ruht oder auch erloschen ist. Sie können es mit einer Zusatzfrage wieder wecken oder einfach zu einem anderen interessanten Thema wechseln.

Machen Sie den Grund des Schweigens zum Thema

Wenn Sie über großes Einfühlungsvermögen verfügen, können Sie versuchen, den Grund für die Pause zu erspüren und dann zum Thema zu machen. Hier ein paar Beispiele:

- „Schon erschütternd, so ein Unfall, nicht?"
- „Tja, da bleibt man als Betroffener stumm zurück."
- „Ach, schon anstrengend, dieses leidige Steuerthema."

Geraten Sie nicht in Panik

Wenn ein Gespräch stockt, geraten viele Small Talk-Neulinge in Panik und denken: „Oje, was muss ich jetzt sagen? Worüber können wir denn noch reden?" Mit solchen Gedanken blockieren Sie sich nur. Sie setzen sich so unter Druck, dass Ihnen nichts Sinnvolles einfällt.

Fragen Sie sich nicht, „Was kann ich jetzt sagen?", sondern „Was interessiert mich noch?" Das kann ...

- ... etwas aus dem bisherigen Gespräch sein: „Sie sagten doch vorhin, dass ... Darf ich Sie dazu noch etwas fragen?"
- ... etwas Gesprächsverwandtes sein: „Zum Thema Pannen fällt mir immer die Pannenhilfe ein. Ich weiß nicht: Bringt es wirklich was, wenn ich ADAC-Mitglied werde?"
- ... etwas völlig Neues sein: „Mal was ganz anderes: Haben Sie schon den neuen Geschäftsbericht gelesen?"

Selbst wenn Ihnen gar nichts mehr zu einem Thema einfällt – eines bleibt immer: fragen.

Wie wechsle ich zum eigentlichen Thema?

Im Normalfall endet der Small Talk ganz von allein, wenn alle Beteiligten wissen, dass man noch etwas „Ernsthaftes" zu bereden hat. Sollten Sie Angst haben, dass der Plausch ausufert, haben Sie eine perfekte Möglichkeit, das zu unterbinden: Sorgen Sie dafür, dass jeder Gesprächsbeteiligte vorher weiß, dass man nachher noch etwas Wichtiges zu besprechen hat. Etwa so: „Hallo, Herr Meier, wir wollen ja heute über das neue Projekt sprechen. Aber was mich zunächst natürlich brennend interessiert: Wie war`s denn im Urlaub?"

Nonverbale Signale

Sollte trotzdem jemand einfach kein Ende finden, reichen meist schon nonverbale Signale aus, um ihn zum Thema zu bringen. Je nach Situation lassen sich mehr oder weniger dezent einsetzen:

- ungeduldige Blicke
- längeres Schweigen
- demonstrativer Blick auf die Uhr

In sehr hartnäckigen Fällen kann man auch zu weniger höflichen Mitteln wie auffälligem Räuspern greifen.

So leiten Sie zum eigentlichen Thema über

Neulinge konstruieren oft künstlich ein Dilemma, indem sie sich verkrampft fragen: „Aber wie leite ich denn nun konkret vom Small Talk zum eigentlichen Thema über?" Ganz einfach: mit einem eindeutigen Satz. Variieren Sie je nach Situation:

- „Ach, es ist immer schön, über den Urlaub zu sprechen ... Aber jetzt zum eigentlichen Thema."
- „Hm, wir sollten uns noch kurz über Ihre neue Monatsbestellung unterhalten."
- „Eigentlich sollten wir noch über die Sache Müller reden."
- „Ich könnte stundenlang übers Reiten plaudern. Aber eines wollte ich noch wissen: Wie hoch ist denn nun der Rechnungsbetrag?"
- „Lieber Herr Schmidt ..." Wer seinen eigenen Namen hört, schweigt erst einmal. Er weiß dadurch, dass etwas Wichtiges folgt. Sprechen Sie dann einfach weiter: „Wir sollten unbedingt noch ..."
- „Es ist richtig nett, mit Ihnen zu plaudern. Aber jetzt ..."
- „Das war ein sehr anregendes Gespräch. Könnten wir ..."

Wie beende ich ein Gespräch?

Nehmen Sie einfach die Gelegenheit dazu wahr! Bei den meisten Small Talks ist es nämlich deutlich spürbar, wenn sie zu Ende gehen. Zum Beispiel, wenn eine Pause eintritt. Wenn Sie oder Ihr Gesprächspartner genug haben, bringen Sie einfach eine beziehungspflegende, wertschätzende und freundliche Abschiedswendung an, wie wir sie eben bereits angeschnitten haben, und gehen Sie danach zu den üblichen Abschiedsgrüßen über:

- „Es war schön, mal wieder mit Ihnen zu plaudern. Also dann – bis zum nächsten Mal!"
- „Nach so einem anregenden Gespräch noch zu arbeiten – aber es hilft nichts, ich muss wieder ran."
- „Ja, ja, so ist das halt. Übrigens, wann sehen wir uns wieder? Bei der Teamsitzung? Also, bis dann!"

So meistern Sie heikle Situationen in der Familie

Small Talk in der Familie? Ja, denn gerade in der Familie geht es darum, schwierige Situationen im Alltag mit einem beziehungsfördernden Gesprächsangebot zu meistern. Und gerade in der Familie ist oft nicht genügend Zeit für tiefschürfende Gespräche. Weshalb in vielen Familien – zwischen den Partnern oder mit den Kindern – nicht besonders oft oder viel miteinander gesprochen wird. Small Talk ist ein hervorragendes Mittel, das zu ändern. Gelegenheiten dazu gibt es viele, Sie müssen sie nur wahrnehmen.

Das große Schweigen am Frühstückstisch

Der häusliche Tisch ist bei jeder Mahlzeit ein potenzielles Katastrophengebiet, was die Kommunikation betrifft. Wie sich die Menschen hier gegenseitig anschweigen und auf die Nerven gehen, das ist schon legendär. Ein Familientherapeut sagte einmal: „Die meisten Ehen gehen am Frühstückstisch und im Urlaub kaputt." Da ist was dran!

Jede Beziehung braucht Kommunikation

Die Sprachlosigkeit in Beziehungen, nachdem die erste heiße Phase dem Alltag gewichen ist, ist erschütternd. Nach einem Jahr in diesem Zustand hat man sich auseinander gelebt. Kein Wunder, man redet ja nicht mehr miteinander.

Viele glauben, man redet nicht mehr miteinander, weil man sich auseinander gelebt hat. Das Gegenteil ist der Fall: Man hat sich auseinander gelebt, weil man nicht mehr miteinander redet.

Reden stärkt jede Beziehung. Damit ist nicht nur das Gespräch über Kinderwünsche, Hausbau oder den Alterssitz auf Ibiza gemeint – also „große" Themen. Was eine Beziehung auch am Leben erhält und ihr täglich Frische verleiht, das sind die kleinen Gespräche zwischen Tür und Angel, vor und nach der Arbeit oder eben am gemeinsamen Tisch.

So knüpfen Sie ein Gespräch mit Ihrem Partner an

Es geht nicht darum, dass man wartet, bis sich ein Gespräch „ergibt". Gespräche ergeben sich höchst selten von allein – man muss schon etwas dafür tun. Suchen Sie das Gespräch mit dem Partner. Gerade für das Tischgespräch gibt es eine Vielzahl von Anknüpfungspunkten:

- Nachtruhe: „Wie hast du geschlafen?" „Hat dich dieser Lärm um eins auch geweckt?"
- Wetter: „Ziemlich frisch heute Morgen, finde ich."
- Tagesablauf: „Was steht heute bei dir an?"
- Kinder: „Schreibt Peter heute nicht Mathe?"
- Arbeit: „Ich darf gar nicht an mein Meeting heute denken!"
- Haus, Wohnung: „Findest du nicht auch, wir sollten endlich ein neues Gartentor anschaffen?"
- Der beste aller Anknüpfungspunkte: etwas Nettes! „Wie du gestern die Kinder vom Fernsehen weggelotst hast – ein-

fach klasse!" „Dass du gestern nach deinem anstrengenden Bürotag noch mein Auto von der Reparatur geholt hast, finde ich echt super – danke!"

- Idealer Anknüpfungspunkt für das Gespräch mit der Partnerin oder dem Partner: ihr bzw. sein Lieblingsthema. Selbst wenn es Themen sind, die Sie selbst nicht so spannend finden oder die Sie als typische Frauen- oder Männerthemen empfinden. Interessieren Sie sich wenigstens dafür, fragen Sie nach, was sie/ihn beschäftigt, begeistert oder enttäuscht hat. Danach läuft das Gespräch von ganz allein.

Nicht alle Themen taugen etwas

Vorsicht: Ihr Gesprächsangebot muss partnerverträglich sein. Wenn Sie wissen, dass Ihr Partner morgens ausgesprochen allergisch auf ein bestimmtes Thema reagiert, dann sparen Sie dieses natürlich aus. Partnerverträglichkeit bedeutet auch: Wenn der andere Ihr Gesprächsangebot nicht oder nur halbherzig annimmt, dann lassen Sie das Gespräch versiegen. Der andere will muffeln? Wenn es ihn glücklich macht, bitte.

Vorwürfe bringen Sie nicht weiter

Sollte dieser Zustand jedoch zu oft eintreten oder zu lange andauern, dann quengeln Sie nicht vorwurfsvoll: „Du vergräbst dich immer hinter deiner blöden Zeitung!" „Von meiner Arbeit willst du ja nichts wissen!"

■ *Wer ein Gespräch mit einem Vorwurf beginnt, verhindert damit gleichzeitig jede vernünftige Unterhaltung.* ■

Sprechen Sie lieber vorwurfsfrei Klartext nach dem Muster: Verständnis zeigen – Ich-Botschaft senden („Ich denke ...", „Ich fühle mich ...") – Wunsch äußern.

Beispiel
„Ich weiß ja, dass dir morgens nicht danach ist (Verständnis). Aber ich komme mir heute so verlassen vor (Ich-Botschaft). Redest du ein bisschen mit mir (Wunsch)?"

Reden Sie noch mit Ihren Kindern?

Die meisten Eltern verlieren den Kontakt zu ihren Sprösslingen immer mehr, je älter sie und die Kinder werden. Man hat sich buchstäblich nichts mehr zu sagen – oder man gibt Gesprächstorpedos von sich: „Wie war's in der Schule?" „Wie soll's gewesen sein? Wie immer halt."

Jugendliche fürchten den „Elternhammer"

Warum reagieren viele Kinder auf ein harmloses Gesprächsangebot so gereizt? Weil sie wissen, dass es nicht harmlos gemeint ist. Nehmen sie nämlich das Angebot ernst und sprechen über ihre Mathe-Probleme, saust sofort der „Elternhammer" auf sie herab, etwa mit solchen Bemerkungen: „Dann musst du eben mehr lernen!"

Nein, Eltern haben sich das Recht auf Small Talk meist schon früh verscherzt. Mit einem Besserwisser „smalltalkt" kein Jugendlicher gern. Warum nicht? Weil er genau merkt, dass die Eltern sich nicht für ihn, sondern nur für „sein Bestes", nämlich meistens seine Noten, sein Benehmen oder seine Leistung interessieren.

So zeigen Sie Ihrem Kind Ihr Interesse

Falls Sie wieder einen Draht zu Ihren Kindern finden und dann auch aufrechterhalten möchten, sorgen Sie dafür, dass Ihr Talk-Angebot Ihr Interesse an Ihrem Kind klar kommuniziert:

- Also nicht: „Wie schaust du denn aus? Was ist dir über die Leber gelaufen?" Sondern: „Ich habe das Gefühl, dich ärgert etwas. Was ist es denn? Habe ich etwas gesagt, das dich verärgert hat?"
- Nicht: „Wie war der Vokabeltest?" Sondern: „Na, war der Vokabeltest so schlimm, wie du vermutet hast?"
- Nicht: „Welche Studienfächer hast du noch mal?" Sondern: „Ich weiß, du findest es schrecklich, dass ich deine Fächer immer vergesse. Das liegt daran, dass ich so wenig darüber weiß. Darf ich dich mal was fragen?"
- Nicht: „Was? Wieder eine Vier? Reiß dich zusammen!" Sondern: „He, nimm's nicht so tragisch. Sag mir lieber, wie ich dir helfen kann, es besser zu machen."
- Nicht: „Na, alles klar in der Schule?" Sondern: „Du hast gestern durchblicken lassen, dass Deutsch nicht gut läuft. Wie kann ich dir helfen?"

Mit diesen Gesprächsangeboten signalisieren Sie Interesse an Ihren Kindern. Selbstverständlich lassen sich viele Kinder auch zum Gespräch bewegen, wenn sie weniger im Mittelpunkt stehen: Erzählen Sie als Vater oder Mutter in passenden Situationen auch mal von sich selbst!

Zugegeben, wenn Sie einmal das Vertrauen Ihrer Kinder verloren haben, ist es schwer, es zurückzugewinnen. Aber es ist machbar. Sie müssen dafür „nur" ...

- ... etwas Stehvermögen mitbringen und so lange Gesprächsangebote machen, bis die Kinder ihre anfängliche Skepsis überwinden und darauf eingehen.
- ... bei Tabuthemen cool die Fassung bewahren. Also nicht: „Was? Du hast schon einen Freund?" Sondern: „Ach ja? Wie heißt er denn?"
- ... etwas weniger auf das Verhalten und etwas mehr auf das Kind selbst achten.

Schlechte Laune beim Nachhause-Kommen

Wenn Partner von der Arbeit heimkommen, läuft oft eine kleine Beziehungskrise ab. Besonders Männer sprechen oft kein Wort und verziehen sich sofort. In den Hobbykeller, vor den Fernseher, zum Joggen, hinter den PC. Die Frauen ihrerseits leiden entweder stumm, fordern erfolglos zum Gespräch auf oder plappern in der Hoffnung drauflos, dass er irgendwann auch etwas sagt. Es gibt bessere Rezepte.

Small Talk nach Büroschluss

Berücksichtigen Sie, dass Ihr Partner eine Zeit lang braucht, um sich zu erholen. Meistens sind das um die zwanzig Minuten. Danach ist er wieder brauchbar. Wenn es allzu lange dauert: Reden Sie mit ihm darüber. Aber nicht, wenn er gerade nach Hause gekommen ist!

Wenn Ihr Partner/ihre Partnerin beim Nachhause-Kommen Ruhe braucht, gönnen Sie sie ihm/ihr.

Treffen Sie eine Vereinbarung, mit der beide leben können. Eine der häufigsten und erfolgreichsten Regelungen ist: „Wenn du nach Hause kommst, sag bitte wenigstens drei Sätze: Was war los? Wie geht's dir? Warum?"

Daneben gelten für den Small Talk nach Büroschluss noch einige nützliche Regeln:

- Fragen Sie nie: „Wie war dein Tag, Liebling?" Viele empfinden das als Kränkung, weil es zu pauschal ist. Fragen Sie konkret.
- Konkret bedeutet nicht: „Wie war dein Gespräch mit dem Vorstand?" Sondern: „Hat der Vorstand endlich kapiert, wie du dein Aufgabengebiet umstrukturieren möchtest?" Sie kommen danach wahrscheinlich nicht mehr zu Wort ...
- Fragen, fragen, fragen Sie: „Du sprichst öfter vom ‚Break Even'. Ich weiß, du findest die Frage doof, aber erkläre mir doch noch mal, was das genau ist."
- Kritisieren Sie Ihren Partner nicht – das tötet jedes Gespräch ab. Wenn Sie ihn kritisieren wollen, führen Sie ein Kritikgespräch. Wenn Sie ihn dagegen zum Reden bringen wollen, bestärken Sie ihn diplomatisch: „Fünf Abschlüsse heute? Donnerwetter, da hast du ja mächtig zugelangt."

Beziehungsretter im Urlaub

Ein Familienrichter berichtete: „Zwei Drittel aller Ehen, die ich scheide, gehen während oder nach einem gemeinsamen Urlaub kaputt. Die Partner merken da oft zum ersten Mal, dass sie sich im Grunde nichts zu sagen haben."

Natürlich könnten in dieser Weise gefährdete Paare getrennt Urlaub machen – das tun bereits viele Beziehungserfahrene. Wer das nicht gut findet, kann die Situation auch anders entschärfen:

- Akzeptieren Sie, dass im Urlaub „Gesprächslöcher" entstehen.
- Geben Sie weder sich noch dem anderen die Schuld.
- Machen Sie eine vorwurfsfreie Bemerkung: „Tja, da merkt man, dass wir normalerweise vor allem über Kinder, Haus und Arbeit reden."

Lernen Sie den Partner neu kennen

Gerade für diese Neuentdeckung ist der Small Talk ideal geeignet. Es gibt viele Anknüpfungspunkte, die Sie für ein besseres Kennenlernen, für ein kleines Gespräch und damit für die perfekte Beziehungspflege nutzen können:

- „Lustig, mir ist nie aufgefallen, dass du gern ein Marmeladebrot zum Frühstück isst." „Bei uns gibt's ja auch normalerweise immer Müsli." „Schmeckt dir das denn nicht?" „Doch, aber hin und wieder Apfelgelee ..." „Soll ich mal eins kaufen?"
- „Ist der Rock neu?" „Nein, den habe ich schon lange, Schatz." „Ist mir nie aufgefallen. Sieht echt klasse aus!" „Ja, das macht der Stoff, der fällt super."
- „Was machen wir nachher? Gehen wir an den Strand? Nein? Gehst du nicht mehr gern ans Wasser? Was würdest du lieber machen? Also erst Strand und danach Basilika?"

Reden Sie über das, was Sie sehen

Im Urlaub sieht man viel Fremdes oder Ungewöhnliches. Das ist ein guter Anlass, ein Gespräch zu beginnen:

- „Mir ist gerade aufgefallen, dass hier unglaublich viele Schweden sind. Dir auch? Lustig, nicht? Und wie viel Alkohol die vertragen! In Schweden ist Alkohol halt furchtbar teuer. Das wusstest du nicht? Hat mir Theo erzählt. Den kennst du doch auch ..."
- „Hast du den Kerl in dem Armani-Anzug gesehen?" „Ja, der bildet sich ziemlich was auf sein teures Outfit ein! Und schau mal, die Frau da mit dem Stringtanga ..."

Als Paar beim Small Talk

Man erlebt es immer wieder: Partner machen sich gegenseitig beim Small Talk mit anderen runter. Da traktiert man sich mit versteckten Spitzen, offenen Vorwürfen, verdreht die Augen, kurz: behandelt den anderen ohne Respekt, macht ihn lächerlich, stellt ihn bloß.

Ganz abgesehen davon, dass ein solches Verhalten für die Beziehung nicht gerade förderlich ist: Sie hinterlassen bei Ihren Gesprächspartnern nicht den besten Eindruck – als Individuen und als Paar. Immerhin lässt Ihr Verhalten oder das Ihres Partners auch Rückschlüsse auf Ihre Beziehung und Ihren Charakter zu.

Also: Was beim Small Talk für Fremde gilt, gilt natürlich auch für Menschen, die einander nahe stehen. Beherzigen Sie also folgende Paartipps:

- Erzählt Ihr Mann eine lustige Anekdote, die er in Ihrer Gegenwart schon tausendmal zum Besten gegeben hat, dann hören Sie geduldig zu – und nehmen nicht die Pointe vorweg.
- Verzettelt oder verspricht sich Ihre Frau, dann stehen Sie ihr mit dem richtigen Wort bei oder helfen ihr unauffällig aus der Bredouille – und verspotten sie nicht und lassen sie auch nicht hängen.
- Klammern Sie private Meinungsverschiedenheiten aus – und fangen Sie keinen Streit über das Verhalten Ihrer Kinder oder die Benutzung des Familienautos an.

- Lassen Sie Ihren Partner aussprechen, auch wenn er Ihnen wie üblich zu langsam spricht oder denkt – und unterbrechen Sie ihn nicht.
- Wenn sich der Blick Ihres Mannes mal „verirrt", dann übersehen Sie es geflissentlich und sprechen ihn zu Hause darauf an – und düpieren ihn nicht vor den anderen, indem Sie ihn angiften („Reiß dich zusammen, ja?").

Wenn Sie sich an diese Umgangsformen halten, wir Ihnen der Small Talk auch in Gegenwart Ihres Partners Spaß machen.

Oberstes Small Talk-Gebot: Du sollst nicht langweilen!

Sie kennen die Situation: Eine Gruppe von Menschen steht zusammen, aber nur einer spricht – und die anderen langweilen sich furchtbar. Wie Sie die Langeweile aus Ihren Small Talks verbannen, zeigt Ihnen dieses Kapitel.

Themen, die anöden

Lieblingsthemen

Angenommen, Sie stehen mit dem Cocktailglas bei einer Gruppe, hören mit halbem Ohr einem total uninteressanten Gespräch zu und langweilen sich zu Tode. Plötzlich kommt die Gruppe auf Safari-Urlaube zu sprechen. Da kennen Sie sich aus! Was tun Sie?

- Sie freuen sich, endlich etwas zum Gespräch beitragen zu können, und erzählen von Ihren Safari-Urlauben in Kenia und in Südafrika.
- Sie halten sich zurück.

Gratulation, wenn Sie sich für die zweite Option entschieden haben! Denn: Nichts ist langweiliger als Lieblingsthemen.

Alle wollen mitreden

Natürlich fällt es schwer, das zu akzeptieren. Warum dürfen wir nicht über das reden, was wir gut kennen? Aber wenn wir so fragen, bringt es uns nicht weiter. Stellen Sie die Frage anders: Wann langweile ich mich beim kleinen Gespräch am meisten? Ganz klar: Wenn sich einer profiliert, minutenlang das Gespräch an sich reißt und die anderen mit seinem Lieblingsthema zu stumm leidenden Zuhörern degradiert.

> ■ *Small Talk ist interaktiv, Monologe sind es nicht. Deshalb langweilen Monologe.* ■

Alleinunterhalter sind zwar amüsant. Doch Menschen machen keinen Small Talk, bloß um zuzuhören: Sie wollen mitreden! Denken Sie an Ihre Zuhörer! Nur weil Sie von einem Thema begeistert sind, heißt das noch lange nicht, dass es den anderen genauso geht. Prüfen Sie das erst.

Vergewissern Sie sich, dass die anderen Ihr Lieblingsthema interessiert

Woran erkennen Sie, ob die anderen Ihr Lieblingsthema auch toll finden? An den Gesprächsbeiträgen. Fließen sie, ist das Thema okay. Schauen alle nur höflich betreten und stumm in die Runde, wechseln Sie das Thema oder geben der Gruppe die Gelegenheit dazu.

Seien Sie nicht zu streng mit sich. Im Verlauf fast jedes Gesprächs lässt man sich mal dazu hinreißen, über sein Lieblingsthema zu schwadronieren. Die Versuchung ist einfach zu groß: Noch ehe unser Gehirn merkt, was passiert, hat sich der Mund schon heißgeredet. Verzeihen Sie sich diese menschliche Schwäche – und geben Sie der Gruppe so rasch wie möglich die Gelegenheit, wieder ins Gespräch einzusteigen.

Gute Witze, schlechte Witze

Witze tauchen im kleinen Plausch häufig auf. Das hat weniger mit dem Small Talk an sich, sondern mehr mit dem Small Talker zu tun: Manche Menschen erzählen eben gern Witze. Eine schöne, unterhaltsame Eigenschaft. Wer sie auslebt, sollte jedoch seinen gesunden Menschenverstand dabei benutzen: Nicht jeder Witz passt in jeden Small Talk. Bestimmte

Witze erzählt man einfach nicht in bestimmten Kreisen – auch wenn sie noch so gut sind.

In der Anwesenheit von Frauen gibt man zum Beispiel keine schlüpfrigen Witze zum Besten. Die Damen lächeln zwar (gequält). Aber meist, weil sie es peinlich finden, den Witzeerzähler aber nicht bloßstellen wollen. Auch wenn es Frauen gibt, die selbst welche erzählen: Die meisten Frauen finden Witze mit sexuellen Anspielungen einfach zotig. Es empfiehlt sich, das zu berücksichtigen.

Weitere Witz-Tabus

- Dasselbe trifft auf Witze über Behinderte, Gewalt oder Kindesmissbrauch zu – ja, solche Witze gibt es tatsächlich. Schon aus moralischen Gründen sollte man sie nicht in sein Witzrepertoire aufnehmen, ganz gleich, ob es um Small Talk geht oder nicht. Das Gleiche gilt für Witze über Ausländer und Randgruppen.
- Blondinen-Witze sind mit äußerster Vorsicht zu gebrauchen, wenn eine Blondine zuhört. Selbst wenn Sie sie kennen und wissen, dass auch sie austeilen kann, ist es keine sonderlich gesprächsförderliche Idee, in ihrer Anwesenheit einen Blondinen-Witz zu erzählen.
- Eine Witzgattung langweilt mit tödlicher Sicherheit: alte Witze. Es ist peinlich, wenn man denselben Witz vor demselben Publikum noch einmal erzählt. Ein guter Witzeerzähler kennt sein Publikum.

Tabuthemen

Sie kennen das sicher: Jemand erzählt in allen Details von seiner Gallenblasenoperation. Man muss gezwungenermaßen zuhören, denkt aber nur: „Igitt! Hoffentlich hört er bald auf." Es gibt eine Reihe Tabuthemen, die man beim Small Talk unbedingt meiden sollte. Dazu gehören:

- Politik und Politikerschelte
- Familienprobleme
- Geld
- eigene Schwächen, Fehler, Neurosen
- Geschäftliches

Wann ein Thema tabu ist

Nahezu jedes Thema, bei dem es um Inkompetenz geht, kann ein Tabuthema sein: „Ich weiß nicht, wofür Beamte eigentlich ihr Geld bekommen – mein Bauantrag liegt schon drei Monate irgendwo rum. Die sind doch alle unfähig!" Und zwei Beamte stehen neben Ihnen in der Gesprächsrunde. Das kann sehr peinlich werden.

Vertrauen Sie bei der Themenwahl Ihrem gesunden Menschenverstand. Denn andererseits treten Sie mit heiklen Themen nicht immer ins Fettnäpfen. Erinnern Sie sich an das letzte Gespräch unter Kumpels, in dem Sie über „die korrupten Beamten" herzogen und alle begeistert mitmachten! Oder an das letzte Gespräch unter Frauen, in dem es stundenlang nur um die Menopause ging.

■ *Ob ein Thema ein Tabuthema ist, hängt nicht vom Thema, sondern von der Gesprächsgruppe ab.* ■

Wie merken Sie, ob sie loslegen können oder nicht? Ganz einfach: Wenn die Gruppe einsteigt und begeistert mitredet, ist das Thema kein Tabu. Dabei sollten Sie jedoch genau hinhören, damit Sie auch Reaktionen, die nur höflich gemeint sind, wahrnehmen.

Setzen Sie heikle Themen bewusst ein

Viele Ratgeber empfehlen: „Warten Sie mit schwer verdaulichen Themen so lange, bis eine echte Beziehung, eine Freundschaft entstanden ist." Doch dieser Rat greift zu kurz.

Denn nichts lässt eine Beziehung schneller entstehen als die Entdeckung, dass alle Gesprächsbeteiligten in den letzten zwölf Monaten Beziehungsprobleme hatten. Das verbindet! Und zwar viel mehr, als wenn man sich stundenlang mit belanglosen Themen abtastet.

Es ist kein Fehler, ein vermeintliches Tabuthema anzuschneiden. Scheuen Sie sich auch nicht, auch solche Themen anzusprechen, wenn Ihnen danach ist. Beobachten Sie die Reaktion der Gruppe aber genau: Nimmt sie das Thema an? Es ist jedoch ein Fehler, wenn Sie weitersprechen und nicht berücksichtigen, dass die anderen gern über etwas anderes reden würden.

Marotten, die stören

Viele Menschen hören sich selbst nicht zu, wenn sie sprechen. Deshalb fallen ihnen ihre Marotten womöglich nicht auf. Den Zuhörern geht es naturgemäß anders ... Wir alle kennen die Ratgeber, Rechthaber und Besserwisser, die mit ihrem Gesprächsverhalten aus einer unverbindlichen Plauderei ein Beratungsgespräch oder einen Machtkampf machen können. Das ist keinem Small Talk förderlich. Entdecken Sie solche Gewohnheiten bei sich selbst, sollten Sie diese ändern.

Störende sprachliche Marotten sind natürlich auch: laufend „äh" sagen, viele Fremdwörter benutzen oder sich wiederholen. Wie diese wirken und wie Sie dagegen vorgehen, erfahren Sie im Kapitel „Vermeiden Sie Sprachmüll" (Seite 95).

Ratschläge sind unerwünscht

Eine der schlimmsten, aber weit verbreiteten Marotten überhaupt ist es, Ratschläge zu geben, wenn jemand von sich erzählt und erzählen möchte.

Beispiel: „Erziehungsberatung"

„Ich kann machen, was ich will – mein pubertierender Sohn hört einfach nicht auf mich!" „Dann sollten Sie mal hart durchgreifen!" „Haben Sie es schon einmal mit der nicht-reaktiven Erziehung nach Jacobson probiert?" „Am besten stecken Sie ihn in ein Internat!"

Ist es Ihnen auch schon mal so gegangen? Sie können sagen, was Sie wollen – prompt werden Sie mit Ratschlägen überhäuft. Es scheint gerade so, als ob die ganze Welt darauf wartet, dass Sie etwas Unbedachtes sagen, damit sie Ihnen einen Ratschlag geben kann. Natürlich meinen die anderen es gut mit Ihnen, trotzdem ist es lästig. Denn meistens möchten Sie diese Ratschläge gar nicht hören.

Versuchen Sie es mit Verständnis

Die meisten Menschen glauben: Wenn jemand klagt, braucht er einen Rat. Das Gegenteil ist der Fall: Er braucht Verständnis. Prüfen Sie sich selbst: Wenn Sie über etwas klagen, was hören Sie dann am liebsten? Eben. Was wir tun müssten, wissen wir oft selbst am besten.

■ *Geben Sie Menschen, die sich beklagen, keinen Rat, sondern Verständnis.* ■

Wenn ein Mensch einen Ratschlag von Ihnen will, fragt er explizit danach: „Können Sie mir einen Rat geben?" Fragt er nicht, dann geben Sie ihm auch keinen.

Rechthaber langweilen

Vermeiden Sie unter allen Umständen „Rechthaber-Orgien". Erstens verlieren Sie selbst dann, wenn Sie gewinnen, denn wer mag schon einen Rechthaber? Zweitens kommen Sie sich danach albern vor und machen sich Vorwürfe. Und drittens schadet Streit der Atmosphäre.

Beispiel: Die Rechthaber-Orgie

„Und dann haben wir einen Abstecher nach Neapel gemacht. Kaum waren wir in der Stadt, war die Brieftasche weg. Diese Italiener klauen doch alles, was nicht niet- und nagelfest ist!" „Ach was, das ist doch nur in den

Großstädten so. Auf dem Land schließen die Leute nicht einmal die Türen ab." „So? Einem Bekannten von mir haben sie im letzten Jahr mitten auf dem Land den kompletten Camper ausgeräumt!" „Aber das ist doch etwas anderes!" „Ach ja? Warum ist ein Taschendiebstahl etwas anderes als ein leergeräumter Camper?"

Sagen Sie selbst: Reden so erwachsene Menschen? Nein, das klingt nach Kindergarten. Und genau so sehen es die Umstehenden. Streithähne verlieren die Achtung der Gruppe.

Was machen Sie, wenn man Ihnen widerspricht?

Stoßen Sie auf einen Widerspruch, dann sollten Sie nicht dagegenhalten, sondern rückfragen. Zum Beispiel: „Was wollen Sie damit sagen?" „Was heißt das konkret?" Danach erklärt sich der andere, und Sie können ein Friedensangebot machen: „Na ja, vielleicht sollte ich das nicht so eindimensional sehen – aber ärgerlich war der Diebstahl schon."

Seien Sie nicht zu streng mit Ihren Gesprächspartnern

Um nicht wie ein Rechthaber zu wirken, sollten Sie auch darauf verzichten, andere zu korrigieren: „Mein Lieber, Sie verwechseln gerade Arbeitslosen*geld* und Arbeitslosen*hilfe*." Sind wir etwa im Bundestag? Nein. Wen interessiert dieser Unterschied beim Small Talk also? Da zählt nur, was der andere meint: dass die Stütze für Arbeitslose viel zu hoch ist, wie er findet. Also reden Sie *darüber*.

Fragen ist besser als Korrigieren

Was viele Menschen am Small Talk abschreckt, ist die Niveaulosigkeit vieler kleiner Gespräche. Manchmal ist es tatsächlich unerträglich. Wie reagieren Sie dann? Wenn jemand wirklich dummes Zeug redet: Reagieren Sie, aber weisen Sie ihn nicht zurecht. Nehmen Sie ihn ernst, und hinterfragen Sie ihn.

Beispiel: Vorurteile hinterfragen
„Sie glauben also, dass die meisten Italiener Diebe sind?" „Ja, so ungefähr." „Haben Sie das denn aus einer Statistik?" „Nein, aber das sagt man doch so. Und wie gesagt, mir haben sie die Brieftasche geklaut." „Und wie oft waren Sie schon in Italien?" „Na, vielleicht zwanzigmal oder so."

Sie merken schon: Je mehr Fragen Sie stellen, desto offensichtlicher wird, wie substanzlos die Äußerung war. Nach drei bis vier Fragen ...

- ... ist allen Anwesenden klar, dass hier jemand eine Dummheit geäußert hat. Sie können die Übung dann abbrechen – Sie haben Ihr Ziel erreicht. Und zwar viel leichter, als wenn Sie ihn zurechtgewiesen hätten. Dann hätte er nämlich eine Rechthaber-Orgie angezettelt.
- ... bemerken halbwegs intelligente Menschen, dass sie einen Bock geschossen haben, und korrigieren sich selbst. Auch dann haben Sie Ihr Ziel besser als mit einer Zurechtweisung erreicht.

■ *Sie müssen Dummheiten nicht ertragen. Kontern Sie ruhig – aber mit Fragen.* ■

Natürlich dürfen die Fragen nicht ironisch sein: Der Gefragte bemerkt die Absicht sonst, und der latente Konflikt bricht auf. Fragen Sie ganz sachlich.

Mitreden, nicht „mitprotzen"

Viele Menschen fragen sich, wann bzw. wie man am besten Zitate von berühmten Persönlichkeiten oder anderes „Wissen" in den Small Talk einstreut. Vorsicht, hier kommt es auf die Dosierung an!

Setzen Sie Angelesenes richtig ein

Wenn Sie andere mit Zitaten, Anekdoten, Statistiken und Ähnlichem *beeindrucken* wollen, merken die das natürlich. Und halten Sie vielleicht für einen Angeber. Versuchen Sie also gar nicht erst, Eindruck zu schinden, das fällt negativ auf Sie zurück. Falls Sie ein Zitat verwenden, dann sollte es zum Thema und zu Ihnen „passen". Mehr Tipps dazu, wie Sie Zitate geschickt einsetzen, finden Sie übrigens im TaschenGuide „Zitate für Beruf und Karriere".

Spielen Sie nicht den Experten

Wer mit falscher Bildung prahlt, fliegt immer auf. Das Peinlichste ist, wenn Menschen bei Themen mitreden, von denen sie keine Ahnung haben, und dabei so tun, als wären sie der Experte auf dem Gebiet. Sie unterliegen einem großen Irrtum.

Manche Menschen glauben, wenn sie etwas nicht wissen, sind sie dumm. Ihre Gesprächspartner dagegen glauben: Wer etwas nicht weiß, der weiß es eben nicht.

Sich verstellen wirkt lächerlich

Die meisten Menschen sind bei Anlässen, bei denen man Small Talk pflegen sollte, etwas gehemmt. Wenn gar ein Manager oder ein Hochschulprofessor dabei ist, nimmt die Scheu noch zu. Wie wird diese Hemmung oft kompensiert? Indem man sich verstellt. Je fremder sich ein Mensch in einer Runde fühlt, desto mehr verstellt er sich. Doch die anderen spüren das meistens.

Bleiben Sie bei Ihrer Denk- und Redeweise

Stehen Sie zu dem, was Sie sind. Wenn jemand ohne akademische Bildung in einen Akademikerzirkel gerät, dann sollte er nicht versuchen, den Anwesenden nachzuplappern. Damit erreicht er nicht, dass er dazu gehört, sondern das Gegenteil. Man wird nicht als Gesprächspartner akzeptiert, indem man den „Jargon" der anderen nachahmt, sondern wenn man ihnen und ihrem Thema Respekt entgegenbringt.

Wie sollten Sie mit Ihrem Dialekt umgehen?

Beispiel

Thomas ist Niederlassungsleiter einer Kunststoff-Firma im schwäbischen Reutlingen. Weil er so erfolgreich ist, soll er den Hamburger Kollegen während einer Schulungswoche an der Alster sein Vertriebskonzept näher bringen. Damit „mich überhaupt jemand versteht", redet er hochdeutsch – und macht alle Fehler, die ein Schwabe dabei machen kann: Er verwechselt Fuß und Bein (im Schwäbischen gibt es nur den Fuß), er bringt Mittag und Nachmittag durcheinander (Schwaben sagen zum Nachmittag auch Mittag), er verhaspelt sich im Satzbau und spricht viele Wörter falsch aus. Kurz: Er blamiert sich. Einen Tag lang. Danach „schwätzt" er schwäbisch. Sein Publikum ist begeistert und kommt aus dem Lachen gar nicht mehr heraus. Doch jetzt lacht es nicht über, sondern *mit* ihm.

■ *Das Echte, Authentische überzeugt, das Gekünstelte hingegen wirkt lächerlich.* ■

Wenn Sie also Mundart sprechen, dann sprechen Sie Mundart. Zeigen Sie den anderen jedoch Ihren Respekt, indem Sie sagen: „Wenn jemand etwas nicht versteht, bitte sofort Handzeichen geben. Wir übersetzen das dann gemeinsam ins Deutsche!" Das gibt immer einen Lacher, und Sie haben die Leute auf Ihrer Seite.

Meiden Sie Weitschweifigkeit

Der Endlos-Erzähler

Sicher kennen auch Sie Menschen, die vom Hundertsten ins Tausendste kommen: „Also, wir waren im August auf Sizilien, als uns dieses unglaubliche Ding passierte – Susanne wollte ja an die Adria, aber die ist mir in letzter Zeit zu überlaufen, und dann diese Algengeschichte vor ein paar Jahren, ich habe mir geschworen: nie wieder Adria, höchstens auf der anderen Seite, Kroatien, das müsste man mal ausprobieren, ich habe gehört, dort ..."

Und so weiter. Bis der Gute dieses angeblich so unglaubliche „Ding" endlich erzählt, sind seine Zuhörer vor Langeweile gestorben oder haben das Weite gesucht. Das kann Ihnen nicht passieren? Hoffentlich täuschen Sie sich nicht. Denn: Die meisten Endlos-Erzähler sind sich ihrer Weitschweifigkeit nicht bewusst.

Niemand will die ganze Geschichte hören

Die meisten Endlos-Erzähler reagieren pikiert, wenn man ihnen ihren qualvollen Erzählstil vorhält. „Aber ich muss doch die ganze Geschichte erzählen, sonst versteht man sie nicht!" Wenn Sie sich im Verdacht haben, den Bogen manchmal zu überspannen, dann machen Sie sich bewusst, dass Ihre Zuhörer nicht eine vollständige, sondern eine spannende Geschichte hören wollen.

Vollständige Geschichten sind langweilig. Spannende Geschichten beschränken sich aufs Wesentliche. Was ist an Ihrer Geschichte wesentlich? Zugegeben, Anekdoten und Geschichten erzählen zu können ist eine Fähigkeit. Aber man kann sie erlernen.

Der Haarspalter

„Dann sind wir also zum Kunden Meier rausgefahren nach ... wie hieß das Nest noch mal? Oberpfarrkirchen? Oberpfaffenhausen? Oberdorfkirchen? Es war, glaube ich, irgendwas mit Kirche ..." Auch das kennen wir als leidgeprüfte Zuhörer: Ein Erzähler beißt sich endlos an einem völlig nebensächlichen Detail fest, während sich alle anderen fragen: Wie geht denn die Geschichte nun weiter?

■ *Verzichten Sie auf Details. Details langweilen.* ■

An Geschichten interessiert immer nur der Clou, der Gag, die Moral, die Pointe, das Interessante.

Die Stress-Quasselstrippe

In Gesprächssituationen fühlen sich viele von uns unsicher. Sie sind nervös. Wie äußert sich diese Nervosität? Es verschlägt ihnen die Sprache. Oder sie können sich nicht beherrschen und quasseln ohne Punkt und Komma.

Das geht, indem Sie sich dieser Angewohnheit bewusst werden. Nur das, was Sie sich bewusst machen, können Sie auch verändern. Achten Sie ein wenig auf sich selbst. Gehen Sie in den inneren Dialog: „Aha, ich bin nervös. Gleich fange ich wieder an zu quasseln. Also passe ich ein wenig auf, bis sich die Anfangsnervosität gelegt hat."

Wie Sie sich gegen Langweiler wehren

Wenn Sie ein Endlos-Erzähler oder Haarspalter unnötig auf die Folter spannt, müssen Sie das nicht klaglos ertragen – obwohl viele Menschen das tun. Daher rührt auch oft die Abneigung gegen Small Talk. Wenn Sie wissen, wie Sie sich wehren, können Sie das Gespräch besser genießen. Leiden Sie nicht stumm, sondern geben Sie ein Feed-back ohne Vorwurf. Sagen Sie also *nicht*: „Nun red doch nicht um den heißen Brei herum! Komm endlich auf den Punkt!"

Mit Fingerspitzengefühl lenken

Man kommt auch ohne das Klima vergiftende und womöglich beleidigende Vorwürfe aus. Zum Beispiel so: „Peter, uns interessiert nicht so sehr, wie das Dorf hieß, uns interessiert brennend, was denn nun bei Meier herausgekommen ist! Bitte erzähl es uns doch!"

Endlos-Erzähler und Haarspalter sind wie alte Analog-Schallplatten: Sie bleiben hängen. Statt nicht mehr zuzuhören und stumm zu leiden, hebt man die Nadel vorsichtig an, damit das Lied weitergeht.

■ *Bringen Sie Endlos-Erzähler und Haarspalter freundlich auf den Punkt zurück – auch mehrfach, wenn es sein muss.* ■

Was Sie gegen Lebensgeschichten tun können

Sie kennen solche Zeitgenossen: Nach dem ersten Bier erzählt er Ihnen seine Lebensgeschichte. Sämtliche beruflichen Erfolge seit Abschluss der Lehre werden ausgebreitet, er berichtet von seinen Frauen, seiner Hochzeit, seiner Scheidung, seinen Kindern ... Kurz: Ihr Gesprächspartner missbraucht Sie als „Mülleimer" für seine unerledigten Geschichten oder seine Profilneurose. Was tun?

Erst Verständnis, dann Themenwechsel

Die meisten Menschen hören sich die Endlosgeschichte notgedrungen an und ertränken ihren Frust im nächsten Glas. Funktioniert das? Nein, denn das bringt den anderen nicht dazu aufzuhören.

Wenn einer klagt, dann nicht, damit Sie Ihren Frust im Weinglas ertränken. Er möchte Verständnis. Und je mehr Sie ihm davon geben, desto schneller hört er auf zu erzählen. Deshalb nützen Versuche, das Thema zu wechseln, meist erst dann, wenn Sie ihm ausreichend Verständnis entgegengebracht haben. Das bedeutet im Extremfall: Menschen reden so lange, bis Sie ihnen geben, was sie wollen.

Beispiel

„Gestern hat sie mir wieder vorgeworfen, dass ich viel zu oft auf Geschäftsreisen bin. Ich finde, das geht zu weit!" „Hm, finde ich auch etwas überzogen. Schließlich müssen Sie sich ums Geschäft kümmern. Wer soll denn sonst das Geld ranschaffen?" „Ja, genau, sage ich auch." „A propos Geschäft: Ich habe gehört, Sie haben einen großen Auftrag an Land gezogen?"

Das Muster hinter diesem Themenwechsel ist deutlich zu erkennen und universell anwendbar: Sie können das Thema des anderen nicht einfach für beendet erklären. Erst müssen Sie es möglichst stark würdigen. Danach können Sie das Thema wechseln, am besten zu einem Thema, das für Ihren Gesprächspartner positiv besetzt ist.

Erliegen Sie nicht der Versuchung, Trost zu spenden

Viele Menschen versuchen, den Gesprächspartner zu bremsen, indem sie ihn trösten. „Nehmen Sie das nicht so schwer. Ihre Frau wird schon noch einsehen, wie wichtig Geschäftsreisen sind." Das funktioniert nicht, denn es tröstet den anderen nicht. Und zwar deshalb, weil er nicht das Gefühl hat, ernst genommen zu werden.

Wenn er dagegen Verständnis bekommt und dann sanft auf ein Thema hingewiesen wird, das ihm trotz Beziehungsstress große Freude bereitet (wie ein dicker Auftrag), tröstet ihn das mehr als jedes „tröstende" Wort.

Fragen verhindern Langeweile

Eine der Grundregeln des Small Talks ist: Wer viel fragt, verhindert, dass beim Gesprächspartner oder in der Gruppe Langeweile aufkommt. Wir haben auf den zurückliegenden Seiten immer wieder gesehen, wie Fragen das Gespräch retten können.

■ *Eine alte Management-Weisheit besagt: Wer fragt, führt.* ■

Solange Sie Fragen stellen, wird ein Gespräch niemals versiegen, hängen oder peinlich werden. Solange Sie fragen, wird Ihnen immer etwas einfallen, das Sie sagen können. Fragen sind die Seele jedes Small Talks!

Falsche Fragen

Eine intelligente Frage peppt jedes Gespräch auf, gibt ihm Leben und Spannung. Doch auch das Fragen will gelernt sein! Betrachten wir einige Beispiele von Fragen, die im Small Talk nicht weiterhelfen:

- „War Ihr Urlaub schön?"
- „Kommt Kollege Meier nun zum Meeting oder nicht?"
- „Wie viele Kilometer sind es denn genau?"

Kein Zweifel: Das sind Fragen. Doch was kann man darauf schon antworten? „Ja." „Nein." „34 Kilometer." Kommt durch diese Fragen ein Gespräch zustande? Nein. Trotzdem gibt es Menschen, die immer wieder auf diese Weise fragen – und verzweifeln, weil das Gespräch immer einsilbiger wird, der Gesprächspartner nicht zum Reden gebracht wird. Aber das ist kein Wunder!

■ *Geschlossene Fragen lassen ein Gespräch versiegen.* ■

Geschlossene Fragen im weiteren Sinne sind alle Fragen, auf die man nur mit „Ja", „Nein", „Schwarz", „Weiß" etc., eben mit einem Wort antworten kann. Sie regen in der Regel nicht sonderlich an, mehr zu erzählen.

Richtige Fragen

Also formulieren Sie Ihre Fragen lieber so, dass man darauf mit mehreren Sätzen antworten kann. Diese Fragen nennt man „offene Fragen". Einige Beispiele:

- „Wie war Ihr Urlaub?"
- „Was hast du von Kollege Meier gehört?"
- „Weshalb dauert die Anfahrt denn so lang?"

Besonders ergiebig sind Fragen nach dem Grund, den Ursachen, Zusammenhängen und Motiven, also Fragen, die mit den Fragewörtern warum, weshalb, wozu beginnen. Für den Small Talk geeignet sind auch Fragen, die Erklärungen nach sich ziehen: Wie? Womit? Wodurch?

Small Talk für Fortgeschrittene

Wie vermeiden Sie taktische Fehler? Wie verhalten Sie sich richtig gegenüber Gesprächskillern? Professionelles Plaudern fordert die Persönlichkeit – bis hin zum bewussten Einsatz von Körpersprache und Ausstrahlung. Dieses Kapitel zeigt Ihnen, wie Sie vom Small Talk-Anfänger zum Profi werden.

Taktische Fehler

Wer Geschmack am Small Talk gefunden hat, beherrscht viele der bisher vorgestellten Techniken. Doch trotz zunehmender Sicherheit können Ihnen Fehler passieren, die Sie vielleicht hinterher bereuen.

Offenbaren Sie nicht zu viel von sich

Anfängern droht die Gefahr, zu viel zu sagen, nicht. Sie sind meistens noch so damit beschäftigt, ihre Hemmungen zu überwinden, dass sie viel zu wenig über die Lippen bringen und meist keine sehr persönlichen Dinge. Doch wer erst einmal munter drauflos redet, sollte sich vorsehen.

Beispiel: Zu viel gesagt!
Regine ist Kontakterin in einer Dortmunder Werbeagentur. Sie kommt mit ihren Kunden gut zurecht, bis auf die „schwierigen Kunden". Dazu gehört Elvira. Auf einem Kongress teilt der Agenturchef Regine als Betreuung für Elvira ein – ganze drei Tage.

Regine ist entsetzt. Einen Tag lang versucht sie, Elvira wenigstens außerhalb der offiziellen Anlässe aus dem Weg zu gehen. Doch am zweiten Tag beschließt sie: „Angriff ist die beste Verteidigung!" und setzt sich an Elviras Frühstückstisch. Sie beißt die Zähne zusammen und knüpft ein kleines Gespräch an. Elvira ist überrascht und erfreut, dass sich jemand freiwillig mit ihr unterhält, und redet deshalb viel zu viel. Sie plaudert aus dem Nähkästchen, gibt Vertrauliches preis.

Das Gespräch hat zwei unmittelbare Folgen: Elvira behandelt Regine seither mit Hochachtung, weil sie quasi die Einzige ist, die mit ihr „von Mensch zu Mensch" geredet hat. Und Regine lässt sich von Elvira nicht mehr beeindrucken, denn: „Sie weiß, dass ich sie in der Hand habe. Sie hat mir viel zu viel verraten."

Schütten Sie beim Small Talk nicht gleich Ihr Herz aus

Alle Menschen sprechen gern. Aber sagen Sie nicht zu viel! Die Gefahr ist umso größer, je stärker Ihr Mitteilungsbedürfnis ist und je emotionaler sie beim Thema sind. Wir freuen uns so, endlich mal wieder ein offenes Wort wechseln zu können, dass wir gern über das Ziel hinausschießen.

■ *Vorsicht: Small Talk bedeutet nicht, dem anderen das Herz auszuschütten.* ■

Unterhalten Sie sich, aber fragen Sie sich auch: Wo liegen in diesem Gespräch die Grenzen, die ich nicht überschreiten sollte/will? Denn Small Talk dient, wie wir gesehen haben, der Entspannung, wir knüpfen unbeschwert Kontakte oder pflegen sie. Wenn wir unseren Gesprächspartner mit sehr persönlichen Informationen konfrontieren, überfordern wir ihn und die Situation. Noch ein Grund, der gegen zu viel Offenherzigkeit spricht: Sie kennen Ihr Gegenüber nicht gut oder arbeiten mit ihm zusammen. Sie könnten ihm also Informationen über sich liefern, die Ihnen eher schaden als nützen.

Lassen Sie sich nicht die Zeit stehlen

Viele Menschen bekommen beim Thema Small Talk ein schlechtes Gewissen, weil sie meistens länger „hängen bleiben", als ihre knappe Zeit es erlaubt. Sie überlegen deshalb, dass Sie lieber ganz auf den Small Talk verzichten sollten. Ein Fehlschluss. Das Problem ist vermutlich ganz einfach: Sie können nicht nein sagen.

Zur richtigen Zeit nein sagen

Nein zu sagen fällt natürlich schwer, wenn eine Freundin aufgelöst anruft und sich über ihren Freund beklagt, während Sie zum Joggen wollen. Nicht nur bei solchen Themen hören viele zu und gehen auch auf „leichtere" Themen ein, weil sie sich dazu verpflichtet fühlen. Doch denken Sie daran: Sie sind immer zwei Personen verpflichtet: dem anderen und natürlich auch sich selbst.

Das heißt: Stellen Sie den Gesprächswunsch des anderen nicht über Ihre eigenen Wünsche. Lernen Sie aber, den Small Talk beziehungsgerecht abzukürzen oder zu beenden. Wie das geht, haben wir bereits beim Themenwechsel gesehen. Hier ein paar weitere Tipps dazu.

So geht's nicht

Beispiel: Einfach ablehnen

„Du, stell dir vor, gestern haben wir schon wieder Flecken an unserer Badezimmerdecke ..." „Entschuldige, aber ich muss raus zum Kunden. Tut mir echt Leid, tschüss denn!"

Wie würden Sie sich behandelt fühlen, wenn Sie so rüde abgewürgt würden? Schlecht natürlich. Warum? Weil Sie brüskiert wurden. Sie wollten Verständnis und bekamen Ablehnung. Beim nächsten Treffen suchen Sie dann vielleicht nicht mehr das Gespräch oder steigen auf Small Talk-Angebote nicht mehr ein.

■ *Bevor Sie ein Gesprächsangebot ablehnen, zeigen Sie Verständnis für das Anliegen des anderen.* ■

So sagen Sie beziehungsgerecht nein

Beispiel: Verständnis signalisieren

„Du, stell dir vor, gestern haben wir schon wieder Flecken an unserer Badezimmerdecke entdeckt! Aber unsere Nachbarn reagieren überhaupt nicht auf unsere Nachfragen! Wie soll man denn da noch friedlich nebeneinander wohnen?" „Also, das ist ja ärgerlich! Sicher nicht leicht, da noch ruhig zu bleiben. Ich würde mich wirklich gern mit dir darüber unterhalten, aber ich muss leider sofort zu einem Kunden. Wir wollten doch sowieso diese Woche mal auf ein Bier gehen!"

Wenn Sie schon etwas Erfahrung mit Small Talk haben, wissen Sie, dass es eine Turbo-Version gibt: Man kann auch in wenigen Sätzen ein für beide Seiten befriedigendes Gespräch führen, um es danach kurz und schmerzlos zu beenden.

Denn beim Small Talk spielt die Quantität keine Rolle, sondern immer nur die Qualität. Wenn Sie dem anderen in zwei Minuten Verständnis und Anerkennung vermitteln können, ist das Gespräch zur beiderseitigen Zufriedenheit verlaufen.

Gesprächskiller

Manche Bemerkungen können jedem Gesprächsteilnehmer das Vergnügen verderben oder dem Small Talk ein Ende setzen. Auch hier gilt es, sich selbst zu beobachten, um seine eigenen Gesprächsgewohnheiten in den Griff zu bekommen. Kommt der „Gesprächskiller" von Ihrem Gegenüber, gibt es zahlreiche Möglichkeiten, darauf souverän zu reagieren.

Sarkasmus, Ironie, Zynismus

Die Gesprächskultur der westlichen Industrienationen wird unglaublich schnell persönlich:

- „Sie haben sich einen Ferrari gekauft? Na ja, wem das Geld egal ist ..."
- „Natürlich reklamiert der Kunde da. Oder dachten Sie, er bezahlt uns dafür, dass wir ihm Ausschuss liefern?"
- „Also, ich würde meine Pölsterchen nicht mit einem derart aufreizenden, bauchfreien Top zur Schau stellen."

Ironie wirkt oft verletzend

Ironie ist etwas Schönes – solange sie nicht persönlich wird. Leider wird das oft nicht berücksichtigt. Achten Sie einmal darauf: Wir tun das gewohnheitsmäßig, und deshalb fällt uns gar nicht mehr auf, dass wir den anderen damit verletzen.

So äußern Sie Ihren Ärger neutral

Sollen Sie es wortlos ertragen, wenn jemand mit seinem Reichtum angibt? Nein, wir hatten ja gesehen, dass die Interessen beider bzw. aller Gesprächspartner gleich wichtig sind. Wie äußern Sie Ihren Ärger also gesprächsverträglich?

- Per Ich-Botschaft: „Mir ist mein Geld zu schade, um mir ein Auto davon zu kaufen." „Na ja, teuer ist der Ferrari schon – aber er ist eben ein Jugendtraum!" Das Gespräch läuft ohne Missstimmung weiter, und Sie sind durch die Reaktion Ihres Gesprächspartners sogar bei einem richtig tollen Small Talk-Thema gelandet: Jugendträume.

- Per Frage: „Warum erstaunt Sie die Reklamation des Kunden?" „Weil für ihn dieser spezifische Mangel überhaupt keine Rolle spielt." „Tatsächlich? Erzählen Sie mal!" Das Gespräch läuft locker weiter

Versteckte Vorwürfe

Gerade die kleinen und scheinbar harmlosen Gespräche stecken oft voller heimlicher Vorwürfe:

- „Das Gartentorschloss klemmt schon lange. Aber das merkt man natürlich nicht, wenn man (wie du!) keine Gartenarbeit macht."
- „Ich habe Ihnen gestern eine E-Mail geschickt, weil ich Sie seit Tagen telefonisch nicht erreichen kann (Sie haben gefälligst erreichbar zu sein!)."

Talken Sie vorwurfsbereinigt!

Small Talk ist oft unerträglich, wenn zwei Beziehungspartner beteiligt sind. Denn die bringen gern Vorwürfe in ihren Aussagen unter. Doch ständige Sticheleien vergiften das Gesprächsklima – und natürlich vor allem das Beziehungsklima. Das kommt übrigens nicht nur bei Ehepaaren vor, sondern auch bei langjährigen Geschäftspartnern.

> *Wer versteckte Vorwürfe im Small Talk unterbringt, führt das falsche Gespräch.*

Versteckte Vorwürfe bringen gar nichts. Im Gegenteil. Sie eskalieren und vergiften die Atmosphäre. Außerdem: Vorwürfe gehören nicht in einen Small Talk. Wenn Sie einen Konflikt bereinigen wollen, dann führen Sie ein Konfliktgespräch. Sie schalten ja auch nicht den Backofen an, wenn Sie fernsehen wollen. (Wie Sie Konflikte im Berufsleben erkennen und lösen, erfahren Sie im TaschenGuide „Konflikte im Beruf").

So vermeiden Sie Vorwürfe

Zwei der besten Instrumente, um Vorwürfe zu vermeiden, kennen Sie schon. Erinnern Sie sich? Es sind:

- Ich-Botschaften: „Ich komme mir bei der Gartenarbeit so einsam und verlassen vor. Ich habe den Eindruck, dass der Garten nur meine Angelegenheit ist und du ihn lieber zum Rasen einsäen würdest." Der andere wird nicht provoziert und kann sich erklären.
- Fragen: „Kann es sein, dass Sie gestern nicht erreichbar waren?" Fragen sind das beste Mittel, um Gespräche nicht eskalieren zu lassen und die Sachbotschaft („Deshalb sprechen wir erst heute miteinander") trotzdem zu vermitteln.

Wenn Sie angegriffen werden

Dass Sie gut und gern auf verletzende Ironie, Zynismus, Sarkasmus und versteckte Vorwürfe verzichten können, heißt noch lange nicht, dass anderen das auch gelingt. Oft können sie es nicht. Lernen Sie deshalb, zwischen gutmütigen und bösartigen Sticheleien zu unterscheiden und damit so umzugehen, dass Sie nicht verletzt sind oder verletzend werden.

Spielen Sie einfach mit

Vor allem Männer sticheln gern: „Na, Ihr letztes Projekt war ja ein Riesendesaster." Viele Small Talk-Neulinge reagieren auf so eine Bemerkung sprachlos, schockiert und vielleicht sogar beleidigt. Dabei machen gerade Männer solche Kommentare oft mit einem Augenzwinkern. Achten Sie auf die entsprechenden Körpersignale, und vergegenwärtigen Sie sich:

■ *Gutmütige Frotzeleien sind ein beliebtes Small Talk-Spielchen.* ■

Es ist wie beim Autoscooter auf dem Volksfest: Man kollidiert zwar miteinander – aber Sie sitzen in einem Spielauto. Spielen Sie also einfach mit.

So reagieren Sie locker auf Angriffe

Sie haben alle Optionen:

- Selbstironie ist der beste Spielzug, denn sie zeugt von einem unerschütterlichen Selbstvertrauen: „Klar war das ein Desaster. Ich schleiche seither nur noch mit Sonnenbrille und Trenchcoat durch die Firma."
- Wenn Sie richtig selbstbewusst sind, können Sie sogar noch einen drauf setzen: „Desaster? Nein, mein Lieber, das war eine Jahrhundertkatastrophe."
- Wenn Ihnen nicht der Sinn nach Selbstironie steht, fahren Sie eine gepflegte Retourkutsche: „Na, dann können wir uns ja die Hand reichen. Denn nach allem, was man hört, war Ihre letzte Kampagne auch nicht gerade der Hit."

Warum sticheln Menschen gegeneinander? Weil es leicht ist und weil man damit garantiert ein gemeinsames Thema gefunden hat. Sticheln Sie mit! Es ist nur ein Spiel. Bevor es verletzend wird, können Sie sich immer noch abgrenzen oder aussteigen.

Den anderen abwerten

Abwertungen sind Gesprächstorpedos, die meistens unabsichtlich abgefeuert werden:

- „Na, so schlimm ist es doch auch wieder nicht."
- „Nun übertreiben Sie mal nicht."
- „Das hast du sicher falsch verstanden."

Dass solche versteckten Unverschämtheiten in einem Gespräch zwischen zivilisierten Menschen auftauchen, zeugt nicht gerade von einer fortschrittlichen Gesprächskultur.

Unsere Fähigkeit zum Respekt zeigt sich gerade, wenn der andere Unsinn redet. Sind wir auch dann noch fähig, ihn zu respektieren?

Lernen Sie, Inhalt und Person voneinander zu trennen: Korrigieren Sie den Inhalt – nicht die Person. Wie das geht? Auch das wissen Sie bereits: mit Ich-Botschaften und Fragen.

■ *Eines der obersten Gebote des Small Talks lautet: Respektiere den anderen!* ■

Auf Abwertungen reagieren

Dass Sie sich Abwertungen verkneifen, heißt nicht, dass andere es auch tun. Im Gegenteil, Sie werden relativ häufig damit konfrontiert werden: „Ich verstehe überhaupt nicht, warum Sie solchen Bammel vor der Steuererklärung haben. Das ist eine Sache von zwei Stunden." Nach so einer Abwertung begehen viele meist einen von zwei Fehlern: Sie

- kochen stumm vor sich hin oder
- verteidigen sich beleidigt: „Ich bin eben kein Steuerfachmann wie Sie!"

Grenzen Sie sich in solchen Situationen ab

Beide Reaktionen sind unbefriedigend. Die erste bringt Ihnen nichts außer Ärger. Die zweite ebenfalls, denn sie provoziert einen Streit: „Ich bin auch kein Experte! Aber das kann doch inzwischen jedes Kind!" „Wenn das so einfach ist, wozu gibt es dann Steuerberater?" Und so weiter. Das ist zwar auch unterhaltsam, aber kein Small Talk.

▪ *Menschen ohne Gesprächskompetenz verteidigen sich. Menschen mit Gesprächskompetenz grenzen sich ab.* ▪

Sich abzugrenzen ist eine Fähigkeit, die erlernt werden kann. Es bedeutet einfach: Deutlich und höflich die Grenze zwischen sich und dem anderen ziehen. Sich abzugrenzen heißt, für den Standpunkt des anderen Verständnis zeigen, aber nicht vom eigenen Standpunkt abweichen. In unserem Beispiel könnten Sie so reagieren: „Schön, dass Ihnen die Steuererklärung keine Probleme bereitet. Ich finde sie furchtbar kompliziert."

Weitere Möglichkeiten der Abgrenzung:

- „Ich verstehe, dass dir das nicht gefällt. Bitte versteh du auch, dass es mir wichtig ist."
- „Natürlich sieht das bei Ihnen ganz anders aus. Bei mir ist es leider so; da beißt die Maus keinen Faden ab."

- „Sicher fällt es Ihnen schwer, sich in meine Haut zu versetzen. Aber ich stecke nun mal drin."
- „Ich akzeptiere Ihren Standpunkt. Akzeptieren Sie auch meinen?"

Vermeiden Sie Sprachmüll

Wenn Sie Politikern zuhören, fallen Ihnen die vielen hohlen Floskeln, nichts sagenden Formulierungen und Allgemeinplätze auf. Das ist so genannter Sprachmüll, der zwar mit viel Aufwand produziert wird, ein vernünftiges Gespräch aber nur belastet.

Entrümpeln Sie Ihr Small Talk-Vokabular

Leider steckt in jedem von uns ein kleiner Politiker. Wir alle wollen als etwas Besseres erscheinen, als wir sind. Deshalb blasen wir uns verbal auf.

Natürlich bemerken die anderen dies. Deshalb gilt: Vermeiden Sie beim Small Talk Sprachmüll in jeder Form! Das wird nie ganz gelingen. Doch wenn Sie immer mal wieder unnötige Wiederholungen, Floskeln und Fremdwörter aus Ihrem Sprachgebrauch verbannen, halten Sie Ihre Sprache für andere angenehm und wirkungsvoll. Sie üben sozusagen Sprachhygiene. Und Sauberkeit zahlt sich bekanntlich aus.

Wiederholungsticks

Der Mensch ist ein Gewohnheitstier. Hat er erst mal ein Lieblingswort gefunden, kommt er nicht mehr davon los. Viele sagen zum Beispiel ständig „sozusagen", „und so weiter", „total", „nicht wahr?".

■ *Bei anderen fällt uns der Wiederholungstick sofort auf – bei uns selbst nicht.* ■

Das nennt man den blinden Fleck der Eigenwahrnehmung. Überwinden Sie ihn, indem Sie sich ganz bewusst zuhören und sich fragen: Welches Wort wiederhole ich zu oft? Dann können Sie diese Marotte, die anderen auf die Nerven geht, abstellen.

Floskeln

Wenn Peter etwas nicht gut findet, sagt er: „Das ist auch nicht das Gesündeste!" Beim ersten Mal ist das lustig, schon beim zweiten Mal wird es als Floskel wahrgenommen. Floskeln langweilen und gelten als oberflächlich.

Floskeln geben Sicherheit, aber sie nerven

Beispiel: Je öfter, desto schlechter

Ferdinand ist Telefonverkäufer. Wenn er seine Stammkunden anruft, sagt er jedes Mal: „Ich begrüße Sie ganz herzlich!" Gerade weil diese Wendung so auffällig von der üblichen Grußformel abweicht, bemerken es die Kunden und es geht ihnen durch die ständige Wiederholung schrecklich auf die Nerven.

Wird Evelyn nach Ihrer Beurteilung von Mitarbeitervorschlägen gefragt, sagt sie jedes Mal: „Nach eingehender Prüfung sind wir zu der Auffassung gelangt ..." Weil sie diese Floskel so oft benutzt, sagen die Mitarbeiter hinter vorgehaltener Hand: „ ‚Eingehende Prüfung' heißt wohl, sie hat es gleich in den Papierkorb geworfen!"

Warum verwenden wir so oft Floskeln? Weil sie Sicherheit geben. Wer immer wieder „in diesem unserem Lande" sagt, bewegt sich auf sicherem Terrain, riskiert nichts. Und er gewinnt erst einmal Zeit, um zu überlegen, wie es anschließend weitergeht. Auf andere wirkt die häufige Verwendung immer gleicher Wendungen eher lächerlich oder sogar abstoßend. Wer Floskeln verwendet, riskiert also nur, nicht ernst genommen zu werden.

■ *Durchforsten Sie Ihren Sprachgebrauch auf Floskeln und verbannen Sie sie.* ■

Um sicherzugehen, können Sie dazu auch gute Freunde befragen – diese werden Ihnen sicherlich auf Anhieb einige Ihrer sprachlichen Marotten nennen können.

Übersetzen Sie Ihre Floskeln in die tatsächliche Bedeutung

Wer eine eigene Meinung hat, braucht keine Floskeln. Also feilen Sie lieber an der eigenen Meinung als an den Floskeln. Das macht etwas mehr Mühe, zahlt sich aber aus. Und dann übersetzen Sie die Floskeln, die Ihnen noch immer ganz automatisch auf der Zunge liegen, ganz einfach in das, was sie eigentlich bedeuten.

Fremdwörter

Wer beim Small Talk zu viele oder zu ausgefallene Fremdwörter benutzt, wirkt snobistisch und oberlehrerhaft. Ersetzen Sie Fremdwörter deshalb möglichst konsequent. Sprechen Sie *einfach*. Manchmal geht es natürlich nicht ohne. Vor allem, wenn die Fremdwörter etwas treffender erklären als das deutsche Wort oder wenn sie gebräuchlich sind.

Fachbegriffe aus Ihrem Beruf, die Ihren Gesprächspartnern vermutlich unbekannt sind, sollten Sie ebenfalls vermeiden. Oder sie zumindest nebenbei mit ein, zwei Wörtern erläutern.

So werden Sie zum Small Talk-Profi

Erfolgsfaktor Wunscherfüllung

Schon mit relativ wenig Gesprächserfahrung werden Sie bemerken: Manche Gespräche laufen super, andere wieder nicht. Was macht den Unterschied aus? Klar: ob man sich verstanden hat, ob die Chemie stimmt.

Gespräche laufen gut, wenn alle bekommen, was sie wollen

Doch wann entsteht eine stimmige Chemie? Das ist im Grunde ganz einfach: Ein Gespräch gelingt dann, wenn alle das bekommen, was sie wollen.

Einer der wesentlichen Faktoren für den Gesprächserfolg (und für Erfolg überhaupt) ist die Wunscherfüllung. Geben Sie dem anderen, was er sich wünscht, holen Sie sich, was Sie sich wünschen – und es wird automatisch ein gutes Gespräch. Sie sehen daran:

■ *Was Sie sagen, ist gar nicht so wichtig. Also zerbrechen Sie sich nicht den Kopf über Ihre Wortwahl. Viel wichtiger ist, dass Sie die Wünsche des anderen erfüllen.* ■

Probates Mittel bei schwierigen Gesprächspartnern

Die Wunscherfüllung ist auch das einzig sichere Rezept, mit dem Sie selbst mit gänzlich unsympathischen oder schwierigen Menschen Small Talk pflegen können. Wenn Sie mit jemandem überhaupt nicht klar kommen, fragen Sie sich einfach: Was will dieser Mensch von mir? Mit dieser Frage und der Antwort darauf wird es Ihnen in brenzligen Situationen schon viel besser gehen.

- Ein zickiger Chef will Sie nicht quälen – er will lediglich Dampf ablassen, weil ihn irgendetwas anderes aufgeregt hat. Lassen Sie ihn. Er meint ja nicht Sie.
- Ein nörgelnder Beziehungspartner will Ihnen nicht klar machen, dass man zum Dinner keine Karos trägt. Er will nur seinen Frust loswerden und ergreift dabei den erstbesten Vorwand. Helfen Sie ihm bei der Frustbewältigung.
- Jemand, der beim Small Talk ständig mit seinen beruflichen Erfolgen oder Hobbys daherkommt, will Sie nicht langweilen. Er ist einfach ein armer Kerl, der keine interessanten Themen kennt, aber trotzdem mit einer Menschenseele reden und anerkannt werden will. Sprechen Sie mit ihm, geben Sie ihm Anerkennung. Das kostet Sie nichts.

Menschen wollen Zustimmung

Was wünschen sich Menschen am häufigsten in einem Gespräch? Ganz einfach: Zustimmung. Hört sich banal an? Sicher, doch diesem einfachen Wunsch verweigern wir uns ständig.

■ *Verweigerte Zustimmung ist einer der häufigsten Gesprächskiller.* ■

Reagieren Sie mit Verständnis statt mit Ratschlägen

Beobachten Sie die Gespräche um sich herum einmal (und danach Ihre eigenen):

- „Mein Kleiner schläft nicht durch, ich bin total übernächtigt!" „Dann versuch es doch einfach mal mit ..." Wollte die Freundin das hören? Nein, sie wollte keinen Rat, sie wollte Zustimmung: „Ja, das glaube ich, das geht einem an die Kondition, was?"
- „Erstaunlich, wie weit er in seinem Alter noch joggt, nicht wahr?" „Na ja, wenn man so oft trainiert wie er." „Aber erstaunlich ist es doch, oder?" Hier hört einer einfach nicht zu: Der Partner will keine Erklärung, er will Zustimmung: „Ja, das wundert mich auch immer wieder."
- „Ich habe heute überhaupt keine Lust aufs Arbeiten." „Komm, reiß dich am Riemen, man muss auch mal ohne große Lust arbeiten können." Wer will das hören? Wohl eher will man hören: „Das kenne ich, so geht's mir manchmal auch."

Sie können davon ausgehen, dass das Gespräch wunderbar verläuft, wenn Sie den Menschen zustimmen – egal, was diese sagen.

Erst zustimmen, dann widersprechen

Selbst wenn Sie jemandem widersprechen wollen, stimmen Sie ihm erst einmal zu. Also nicht: „Nein, das finde ich gar nicht!", sondern: „Ja, das kann ich gut verstehen. Ich finde allerdings, dass man auch ..."

■ *Stimmen Sie erst zu – danach können Sie sich ohne Probleme abgrenzen.* ■

Auf Widerspruch reagiert jeder empfindlich: Das Gespräch eskaliert oder stockt. Warum? Weil Menschen Widerspruch persönlich nehmen. Sie glauben, dass Sie mit Ihrem Widerspruch nicht ihre Meinung, sondern sie selbst ablehnen. Also zeigen Sie zuerst mit Ihrer Zustimmung, dass Sie die Person selbst respektieren. Je mehr Wünsche Sie Ihren Gesprächspartnern erfüllen, desto besser läuft Ihr Small Talk und desto mehr werden Sie beachtet und geachtet.

Menschen wünschen sich Aufmerksamkeit

Was wünschen sich Menschen neben Zustimmung? Aufmerksamkeit! Überprüfen Sie Ihr Small Talk-Verhalten. Widmen Sie den anderen genug Aufmerksamkeit, und zeigen Sie es ihnen auch? Sie verweigern Ihrem Gegenüber die gewünschte Aufmerksamkeit, ohne es zu merken geschweige denn zu wollen, wenn Sie ...

- ... aus den Augenwinkeln die Dinge um sich herum betrachten, während der andere spricht.
- ... stumm wie ein Fisch zuhören, anstatt Aufmerksamkeitssignale wie „hm“, „aha“, „ja“, „sicher“ von sich zu geben.
- ... in Ihrer Mimik, Gestik und Körperhaltung nicht die Mimik, Gestik und Körperhaltung des anderen spiegeln.
- ... seine Gefühle nicht spiegeln.

Aufmerksamkeit muss man bewusst signalisieren; das geschieht nicht von allein. Wann immer Sie mit Menschen reden, fragen Sie sich also: Bin ich aufmerksam? Zeige ich das auch? Wie? Kommt das Signal an?

So zeigen Sie Interesse

Wirkliches Interesse bedeutet nicht, mit offenem Mund zuzuhören. Es bedeutet auch nicht, Kommentare von sich zu geben wie

- „Das ist ja hochinteressant!"
- „Wie spannend!"
- „Ach ja, tatsächlich?"

Sie wissen es inzwischen: Das sind Floskeln, die Interesse heucheln sollen und rasch enttarnt werden. Interesse erkennt man, wie wir ebenfalls schon gesehen haben, an Fragen. Wenn Sie etwas interessiert, möchten Sie mehr und Genaueres wissen. Also fragen Sie.

Signalisieren Sie Verständnis

Die Floskeln verraten uns

Wir sind ja alle so tolerant und verständnisvoll – von wegen! Das Gegenteil ist der Fall. Die Floskeln, mit denen wir Unverständnis bekunden, werden anderen tagtäglich nur so um die Ohren gehauen:

- „Sie finden das zu komplex? Das verstehe ich nicht!"
- „Was gibt es da für ein Problem?"
- „Wieso ist das zu schwierig?"
- „Ich verstehe nicht, wie Sie das sagen können!"

Gewiss: In dem Moment, in dem wir das sagen, verstehen wir den anderen tatsächlich nicht. Aber dass Sie den anderen nicht verstehen, heißt noch lange nicht, dass Sie ihm das auch mitteilen müssen!

So vermitteln Sie dem anderen Verständnis

Der andere fühlt sich durch solche Reaktionen zurückgewiesen. Denn die Botschaften, die er dahinter vermutet, lauten: „Ich will dich nicht verstehen." Oder: „Mensch, bist du dumm!" Wollen Sie das vermitteln? Bestimmt nicht – zumindest nicht immer.

■ *Wenn Sie Unverständnis in sich aufsteigen fühlen, halten Sie bewusst inne, und bemühen Sie sich um Verständnis.* ■

Die Auswahl der Formulierungen, die Ihnen in solchen Momenten helfen, ist groß. Wie wäre es mit:

- „Augenblick mal – erklären Sie mir, was Sie darunter verstehen?"
- „Ich verstehe ja, dass du betroffen bist. Aber was macht dich so wütend?"
- „Tatsächlich? Sie finden das schwierig? Warum denn?"
- „Ich stehe gerade auf dem Schlauch – warum geht das nicht?"

Womit bekunden dagegen die meisten Menschen ihr Verständnis? Mit der Floskel „Ich verstehe dich". Das ist eine Antwort, hinter der sich meist Unverständnis versteckt. Denn Verständnis *bekundet* man nicht, man *zeigt* es.

Verständnis kommt von „verstehen". Und wenn man nicht verstanden hat, kann man auch kein Verständnis zeigen. Wer verstanden hat, muss sein Verständnis nicht beteuern, er kann es zeigen:

- „Wenn Sie es so erklären, dann ist mir das auch klar."
- „Ach so, du hast noch nie mit Excel gerechnet – dann ist das allerdings ein Problem!"
- „Sie haben damit schlechte Erfahrungen gemacht? Dann ist mir klar, warum Sie sauer sind."

Das ist Verständnis. Denn hier hat jemand etwas verstanden und zeigt es auch. Und das merkt der Gesprächspartner.

Bezeugen Sie Respekt

Respekt ist eine Tugend, die uns heutzutage weitgehend abhanden gekommen ist. Wie wertvoll sie ist, erkennen Sie an ihrer Wirkung: Allein mit Respekt können Sie schon tadellose Gespräche führen. Je respektloser Sie sind, desto schwerer tun Sie sich im Small Talk.

Sind Sie manchmal aus Versehen respektlos?

Im täglichen Gespräch finden sich zahlreiche Respektlosigkeiten, Zeichen dafür sind zum Beispiel:

- Den anderen ständig zu unterbrechen – das passiert meist unbewusst. Aber das heißt nicht, dass es entschuldbar ist, sondern dass man es sich bewusst machen sollte!
- Deutlich mehr zu reden als die anderen – ebenfalls eine unbewusste Respektlosigkeit. Small Talk ist paritätisch: Jeder soll etwa gleich lange zu Wort kommen.
- Gesprächskiller wie Vorwürfe, Angriffe oder Abwertungen
- Sprachmüll wie Wiederholungen und Floskeln
- Rechthaber-Orgien sind zwar unterhaltsam, hinterlassen aber allseits einen faden Geschmack.

Gerade dann, wenn man anderer Meinung ist, sollte man sich um Respekt bemühen. Das ist wahre Größe, die einem Gespräch gut tut. Bevor Sie also widersprechen, überlegen Sie, ob Sie es nicht respektvoll versuchen könnten.

Der Kreislauf der Wünsche

Die Wunscherfüllung im Small Talk bildet einen geschlossenen Kreis:

- Das erste Gebot im Gespräch ist Aufmerksamkeit.
- Wenn Ihre Aufmerksamkeit dem anderen eine Äußerung entlockt, dann geben Sie dieser Ihre Zustimmung.
- Dann zeigen Sie Ihr Interesse am Angesprochenen.
- Sie versichern ihn Ihres Verständnisses.
- Sie bezeugen ihm den gebührenden Respekt.
- Sie verfolgen seine Äußerungen aufmerksam – und so weiter.

Die Reduktionsformel: Lassen Sie den anderen gelten

Falls Sie den Kreislauf von Aufmerksamkeit bis Respekt etwas komplex finden: Es geht auch einfacher. Wie formulierten es unsere Großmütter? „Man muss den anderen gelten lassen."

Akzeptieren Sie einfach seine andere Meinung. Er ist nicht seltsam, er ist einfach nur anders. Lassen Sie ihn gelten. Das tut dem Gespräch gut, und es tut Ihnen gut. Gewiss, diese Fähigkeit zur Toleranz kommt nicht über Nacht. Wer sein Leben damit verbracht hat, anderen zwischen den Zeilen seine Meinung aufzudrängen, wird dieses Laster nicht im Handumdrehen los. Aber mit etwas Geduld und Übung ist das kein Problem. Auch daran erkennen Sie:

- *Small Talk ist weniger eine Frage der Gesprächstechnik als der geistigen Haltung.* ■

Die tollste Fragetechnik nützt nämlich wenig, wenn Sie finden: „Ich muss immer und überall Recht haben!"

Ziele erreichen mit Small Talk

Es liegt auf der Hand, dass ein Mensch, der einem anderen mit Aufmerksamkeit, Interesse, Verständnis und Respekt gegenüber tritt, den Gesprächspartner manipulieren kann. Denn wo bekommt ein Mensch heute noch diese für die seelische Gesundheit unerlässlichen Dinge geschenkt?

Die entscheidende Frage ist: War es das wert?

Besonders typisch ist dies für Verkaufssituationen: Ist der Verkäufer ein netter Plauderer, bekommen Sie die gewünschte Aufmerksamkeit und der Verkäufer den Umsatz. Im Alltag geht es dabei nicht selten um die kleinen Freuden des Alltags, etwa die frischen Brötchen oder den besonders saftigen Schinken. Sie schmecken bei einem bestimmten Bäcker oder Metzger häufig nur deshalb besser, weil wir mit ihm über dies und das sprechen können und dabei das Gefühl haben, dass er sich für uns interessiert.

Das zeigt uns zweierlei: Erstens wissen natürlich auch gute Verkäufer, wie Small Talk funktionieren kann – dem anderen Aufmerksamkeit schenken, seine Sympathie gewinnen, um seine Interessen besser durchzusetzen. Ein Small Talk-Profi zu sein bedeutet also auch, sich beim Umgang mit anderen Small Talk-Profis bewusst zu sein, dass diese Sie unter Umständen zu bestimmten Handlungen bewegen möchten. Damit bewahren Sie sich Ihre Handlungsfreiheit.

Wir alle freuen uns über Aufmerksamkeit und Zustimmung. Deshalb ist zweitens für unser Wohlbefinden die Frage entscheidend: War es das wert? Haben wir einen fairen Tausch gemacht? Die Antwort ist in vielen Fällen: Ja.

Es lohnt sich für beide

Sehen Sie sich Spitzenverkäufer, Topberater, Supermanager und Partylieblinge an, also Menschen, die Erfolg haben und beliebt sind. Sie werden schnell feststellen: Je weiter es ein Mensch im Leben gebracht hat, desto besser kann er seine Interessen durchsetzen.

Wie er das macht? Ganz einfach: Er redet mit den Menschen. Er macht Small Talk. Dabei erfüllt er ihnen ihre Wünsche. Er

- nimmt sie ernst,
- lacht über ihre Witze,
- drängt ihnen keine unerwünschten Ratschläge auf, sondern zeigt Verständnis für ihre Probleme,
- geht auf ihre Sorgen und Nöte ein,
- zeigt ihnen Respekt,
- lacht, schimpft, trauert und feiert mit ihnen.

Also: Wenn Sie bestimmte Ziele erreichen möchten, machen Sie Small Talk mit Ihrem Partner, Ihrem Chef, Ihrem Kunden und Kollegen. Und wenn er Ihnen danach einen Wunsch erfüllt, dann haben Sie einen fairen Tausch gemacht. Sie haben etwas bekommen und er genauso.

Erfüllen Sie sich Ihre Wünsche

Sie haben jetzt eine Menge darüber gelernt, wie Sie „ankommen", indem Sie anderen ihre Wünsche erfüllen – wer aber erfüllt Ihre Wünsche?

Sie sollten nicht nur geben, sondern auch bekommen

Man kann nicht nur geben. Man muss auch bekommen. Denn schließlich erwarten wir auch Aufmerksamkeit und Respekt für uns selbst. Diese Erwartung ist verständlich, führt aber fast immer zu einer Gesprächsstörung. Nämlich genau dann, wenn wir etwas erwarten, das wir nicht bekommen können, weil der andere unseren Wunsch nicht spürt oder uns nicht das geben kann, was wir wollen.

Beispiel: Enttäuschte Erwartungen
„Ich finde den neuen James-Bond-Film einfach toll." „Ach, so was Pubertäres schauen Sie noch an?" „Der neue Hauptdarsteller ist klasse." „In seiner letzten Rolle fand ich ihn besser." „Aber die Tricks waren wieder super!" „Also *ich* lege mehr Wert auf Handlung." „Die Handlung war diesmal echt gut." Und so weiter. Das Gespräch läuft offensichtlich schief. Warum? Weil ein Partner Erwartungen hat, die der andere nicht erfüllt. Er erwartet Zustimmung, bekommt sie aber nicht.

■ *Prüfen Sie Gesprächspartner, aktuelles Gesprächsthema und Situation bewusst: Werden Ihre Wünsche erfüllt?* ■

Was tun, wenn Sie bemerken, dass der andere nicht auf Sie eingeht? Aber der Kontakt gerade mit ihm wichtig ist, z.B. aus beruflichen Gründen? Dann stellen Sie Ihre Erwartungen zurück, und schalten Sie radikal um: Wenn der Partner schon unfähig ist, auf Sie einzugehen, so gehen Sie wenigstens auf ihn ein. Das rettet das Gespräch.

Wenn das Gespräch mit dieser einen Person jedoch nicht für Ihr Networking oder berufliches Fortkommen unbedingt notwendig ist, sollten Sie sich einen „geeigneteren" Partner suchen. Ein Partner, von dem Sie wissen, dass er Ihnen gibt, was Sie sich wünschen.

Erziehen Sie sich Ihre Small Talk-Partner

Wenn Ihnen diese Lösung zu resignativ ist, können Sie Ihr weniger gesprächskompetentes Umfeld auch erziehen. Natürlich nicht mit Vorwürfen: „Hör mal, wenn ich den Bond prima finde, dann musst *du* ihn nicht um jeden Preis runtermachen!" Vorwürfe sind das denkbar ungeeignetste Erziehungsinstrument.

Geben Sie lieber Feed-back: „Ich verstehe, dass du nicht auf Actionfilme stehst. Ich wäre dir trotzdem dankbar, wenn du meine Vorlieben gelten lassen würdest. So wie ich deine gelten lasse."

Körpersprache beim Small Talk

Wer noch mit Sprechhemmungen und der Wortwahl kämpft, sollte sich keine Gedanken über die nonverbale Sprache beim Small Talk machen. Das lenkt nur zusätzlich ab. Anfänger werden dadurch noch mehr verunsichert.

Wer sich dagegen kaum mehr Gedanken über Formulierungen machen muss, weil die Worte fast schon von allein kommen, sollte sich auch seiner Körpersprache bewusst werden. Achten Sie dann auf Folgendes:

- Halten Sie Blickkontakt. Natürlich kann man hin und wieder zur Tür, zum Nachbartisch oder in den Raum schauen. Aber wenn dies ständig passiert, vermittelt es dem Gesprächspartner die implizite Botschaft: „Du bist mir nicht so wichtig wie das, was sonst noch passiert."
- Rücken Sie dem anderen nicht zu dicht auf „die Pelle", aber stehen Sie auch nicht zu weit weg (Armlänge ist die Distanz, die als angenehm empfunden wird).
- Vermeiden Sie „Übergriffe", wie den anderen auf die Brust zu tippen, an der Hand oder am Arm zu fassen, auf die Schulter zu hauen ... Small Talk wird körperlos gespielt. Vor allem sollten sich Männer verkneifen, einer jüngeren Frau

die Hand auf den Arm oder die Schulter zu legen. Das ist vielleicht väterlich gemeint, kommt aber nicht so an.

- Achten Sie auf Gesten, die Nervosität und Hektik signalisieren. Zupfen Sie nicht an Kleidung, Schmuck, Haaren, spielen Sie nicht mit dem Glas, dem Kuli etc. herum. Wer nervös wirkt, wirkt oft auch unsympathisch.
- Gewöhnen Sie sich fuchtelnde oder weit ausholende Hand- und Armbewegungen ab. Das irritiert den Gesprächspartner.
- Lächeln Sie, wann immer Sie daran denken und Ihnen danach ist (Lächeln muss authentisch sein, sonst bewirkt es das Gegenteil). Wer lächelt, wirkt übrigens intelligenter.
- Lümmeln und fläzen Sie nicht herum.
- Stehen Sie aber auch nicht da wie ein Preußischer Gardemajor, sondern aufrecht, doch locker.
- Wohin mit den Händen? Maximal eine darf in den Taschen verschwinden. Wer unsicher ist: mit der anderen ein Glas, eine Mappe oder eine andere, der Situation entsprechende Utensilie halten. Aber spielen Sie nicht damit herum.
- Falls Sie auf den Fußballen wippen, wenn Sie nervös sind, sollten Sie sich das abgewöhnen, es vermittelt Unruhe.
- Wer nervös ist, kann einen alten Rhetorikertrick anwenden: einen kleinen, pflaumengroßen Gummiball in der Tasche kneten. Das baut die Anspannung ab. Man kann stattdessen auch ein Taschentuch nehmen.

Small Talk sollte entspannt und entspannend sein – und das muss auch Ihre Körpersprache signalisieren.

Überprüfen Sie Ihre Ausstrahlung

Wenn Sie sich noch als Small Talk-Anfänger empfinden, sollten Sie sich erst einmal darauf konzentrieren, Kontakt zum Gegenüber und die passenden Wörter zu finden. Wenn beides kein Problem mehr ist, können Sie weiter denken, zum Beispiel an Ihre Körpersprache oder an Ihre Ausstrahlung.

■ *Die Ausstrahlung wirkt stärker als Worte.* ■

Wer eine angenehme Ausstrahlung hat, wirkt sympathisch – da ist es gar nicht mal so wichtig, was er sagt. Andersherum schon: Hat ein Mensch eine negative Ausstrahlung, legen wir jedes seiner Worte auf die Goldwaage – oder hören nur mit halbem Ohr zu. Deshalb sollten Sie zwar darauf achten, was Sie sagen, noch mehr aber darauf, was Sie ausstrahlen.

Nehmen Sie sich wahr

Um Ihre Ausstrahlung zu überprüfen, fragen Sie sich:

- „Wie war meine Ausstrahlung?" Meistens denkt man erst nach einem Gespräch daran, sich zu fragen, was man ausgestrahlt hat. Das ist für den Anfang auch in Ordnung.
- „Was strahle ich gerade aus?" Mit der Zeit achten Sie früher auf Ihre Ausstrahlung. Das hat den Vorteil, dass Sie diese noch während des Gesprächs korrigieren können.
- „Welche Ausstrahlung möchte ich haben?" Sich vor einem Gespräch darüber Gedanken zu machen ist natürlich am nützlichsten.

Verlassen Sie sich bei der Antwort auf zwei zuverlässige Indikatoren: Ihr Gefühl und Ihre Eigenwahrnehmung.

Achten Sie auf Ihre innere Stimme

Unser Gefühl – der Instinkt, der gesunde Menschenverstand – sagt uns genau, was wir ausstrahlen. Diese innere Stimme kommentiert verlässlich, wir müssen sie nur hören. Beispielsweise sagt sie: „Du warst aber eben etwas verkrampft." Oder: „Warum fuchtelst du so mit den Händen herum? Sei doch nicht so hektisch."

Versuchen Sie, zwischen innerer Stimme und innerem Kritiker unterscheiden zu lernen. Wenn Sie die übermäßige Selbstkritik abziehen, kommt das Körnchen Wahrheit hervor, die innere Stimme, das „Bauchgefühl". Verlassen Sie sich auf dieses Gefühl, es ist unbestechlich.

Beobachten Sie sich

Neben der inneren Stimme ist die Eigenwahrnehmung ein guter Indikator für Ihre Ausstrahlung. Sie können Ihre Ausstrahlung beurteilen, indem Sie sich mit den Augen anderer betrachten, mit deren Ohren hören:

- Sie haben oben einiges über Körpersprache gelesen: Welchen Eindruck vermittelt Ihre Körpersprache auf andere?
- Überprüfen Sie sich aus der Sicht der anderen: Neigen Sie zu Widerspruch, Besserwisserei, Rechthaberei? Fallen Sie anderen ins Wort, verbessern Sie sie? Sprechen Sie zu viel? Das alles bewirkt eine negative Ausstrahlung.

- Wenn Sie dagegen die anderen auch zu Wort kommen lassen, ihnen aufmerksam zuhören, ihnen Verständnis geben, vermittelt das eine positive Ausstrahlung.
- Wenn Sie ständig lächeln, strahlen Sie Naivität aus. Wenn Sie dagegen an jenen Punkten lächeln, an denen Ihr Gegenüber Bestätigung, Ermunterung, Verständnis oder Anerkennung braucht, haben Sie eine positive Ausstrahlung.

Sie strahlen aus, was Sie fühlen

Das ist sehr wichtiger Aspekt: Sie strahlen das aus, was Sie fühlen. Wenn Sie sich nicht liebenswert fühlen, kann der andere Sie nicht als liebenswert wahrnehmen. Ein anderes Beispiel: Wer sich wichtig fühlt, *wirkt* auch wichtig. Fühlen Sie sich also so, wie Sie wirken möchten.

Dazu fühlen Sie sich in eine Situation hinein, in der Sie das gewünschte Gefühl hatten, und nehmen es in die aktuelle Situation mit. Das ist übrigens ein Instrument der „emotionalen Intelligenz". Es gibt viele andere, und für den Small Talk wäre es nicht schlecht, sich ein paar davon anzueignen. Gerade beim kleinen Gespräch kann man die emotionale Intelligenz gut einsetzen (siehe „Literatur", S. 125).

Small Talk-Training

Sie möchten Small Talk lernen? Mit Ihrem persönlichen Lernprogramm geht das ganz einfach nebenbei im Alltag. Auf den nächsten Seiten erfahren Sie, wie Sie Ihr Training optimal gestalten können. Und natürlich auch, was Seminare und Coaching bringen.

Das persönliche Lernprogramm

Sie können noch so viele Ratgeber lesen – davon allein wird Ihr Small Talk-Verhalten nicht besser. Small Talk lernen Sie nur beim Small Talk!

Wählen Sie eine lernfreundliche Umgebung

Wenn Sie sich noch nicht so recht trauen, ins kalte Small Talk-Wasser zu springen, dann wählen Sie für Ihr Training „Sparringspartner", Themen, Situationen und Anlässe, bei denen keine Gefahr besteht, dass Sie sich blamieren, oder es egal ist, wenn es doch passiert.

Suchen Sie sich Gesprächssituationen aus, bei denen es „klappen" könnte und bei denen es Ihnen nicht viel ausmacht, falls es nicht klappt. Typische Situationen dieser Art sind Gespräche ...

- ... mit dem Nachbarn im Hausflur oder vor dem Haus: Wie oft gehen Sie mit einem knappen Gruß aneinander vorbei? Wechseln Sie stattdessen einmal ein paar Worte.
- ... mit einer guten Kollegin, einem guten Kollegen: Sie reden ohnehin während eines Arbeitstages immer wieder mal mit den Kollegen. Machen Sie bewusst Small Talk, wenn es sich anbietet, und probieren Sie dabei alles aus, was Sie immer schon ausprobieren wollten.
- ... mit einem guten Freund, einer guten Freundin.

- ... mit einem Mitarbeiter, wenn Sie eine Führungskraft sind. Denn wenn dabei etwas schief geht, ist nicht gleich der nächste Großauftrag weg.

So gewinnen Sie Sicherheit

Es macht keinen Unterschied, ob Sie mit einem guten Kollegen oder Freund reden oder mit einem wildfremden Menschen auf dem Empfang Ihres Vorstandsvorsitzenden. Menschen und Situationen mögen wechseln, doch der Small Talk bleibt immer der gleiche. Mit einem Nobelpreisträger können Sie genauso gut und lange übers Wetter reden wie mit dem Nachbarn. Denn der Nobelpreisträger ist auch nur ein Mensch, der nass wird, wenn es regnet. Vor allem aber gilt:

> *Was im ungezwungenen Small Talk mit dem Nachbarn nicht funktioniert, funktioniert auch nicht, wenn es darauf ankommt.*

Das ist der Sinn eines Trainings: sich fit zu machen für Situationen, in denen es drauf ankommt. Und das können Sie nur in Situationen, in denen Sie sich wegen der Folgen des Gesprächs keine Gedanken machen müssen. Je mehr solche Situationen Sie nutzen, desto sicherer werden Sie in den entscheidenden Momenten.

Steigern Sie sich langsam

Suchen Sie also unverfängliche Situationen, und nutzen Sie sie für Ihr Training. Erstellen Sie ein persönliches Trainingsprogramm:

- Nehmen Sie sich vor, mindestens einmal am Tag bewusst Small Talk zu machen.
- Steigern Sie sich nach einer Woche auf zweimal am Tag.
- Irgendwann haben Sie so viel Sicherheit gewonnen, dass Sie reif sind für das Trainingsprogramm der Profis: Die nutzen wirklich jede Situation zum Small Talk.

Jede Situation für einen kleinen Plausch zu nutzen heißt nicht, dass Sie stundenlang quatschen. Man kann in jedes Gespräch und jede Begegnung ein, zwei Sätze Small Talk einbauen. Das ist ausreichend für ein gutes Training, bringt Sie weiter und fördert die Beziehung mit den Gesprächspartnern ungemein.

Beispiel: „Mini-Small Talk"

„Hallo Wolfgang." „Hallo Susi." „Na, hat sich eure Kleine von ihrer Erkältung erholt?" „Ja, geht wieder. Sie ist fast schon wieder so frech wie vorher." „Schön, grüß Elvira von mir. Ich muss dringend ins Controlling, aber wir sehen uns ja bald." „Klar, Susi, tschüss dann."

So verschärfen Sie das Training

Am meisten Angst haben wir naturgemäß vor heiklen Gesprächssituationen. Welche Situation als prekär empfunden wird, ist jedoch von Mensch zu Mensch verschieden. Der eine hat Bammel vor dem Opernabend, der andere vor dem Mittagessen mit dem Chef.

Bereiten Sie sich auf heikle Situationen mithilfe von heiklen Situationen vor!

Suchen Sie sich bewusst heikle Situationen, um sich bestmöglich vorzubereiten. Die schwierigsten Gesprächssituationen finden Sie, genau wie die einfachsten, gleich „um die Ecke“:

- Der deutsche Einzelhandel ist weltberühmt für seine wortkargen und desinteressierten Verkäufer (Ausnahmen bestätigen die Regel). Wenn Sie es schaffen, mit so einem Exemplar einen Small Talk anzuknüpfen, kann Sie nichts mehr erschüttern.
- Dasselbe gilt für Krankenhauspersonal, das inzwischen so überlastet ist, dass es Besucher und Patienten beim Erstkontakt manchmal am liebsten zum Teufel wünschen würde.
- Rufen Sie beim erstbesten Unternehmen an, dessen Produkte Sie nutzen (nicht im Call Center, sondern direkt im Unternehmen), und bitten Sie um irgendeine Auskunft. Angesichts des miserablen Telefonmarketings vieler deutscher Unternehmen und ihrer Mitarbeiter wird danach das Gespräch mit Ihrem schlimmstmöglichen Gesprächspartner eine wahre Freude sein.

Was Sie beim Training beachten sollten

Achten Sie auf Rückmeldungen

Die Menschen um Sie herum geben Ihnen pausenlos Rückmeldungen zu Ihrem Gesprächsverhalten:

- „Lass mich doch auch mal was sagen!“

- „Du bist immer so kategorisch!"
- „Woher wollen Sie das denn wissen?"
- „Du immer mit deinen verrückten Vergleichen."
- „Sprechen Sie deutsch mit mir!"
- „Red nicht drum rum!"
- „Nun machen Sie's doch nicht so spannend!"
- „Bitte kommen Sie zum Punkt!"

Nutzen Sie das Feed-back, um sich zu ändern

Was machen wir normalerweise mit solchen Rückmeldungen? Wir überhören sie oder rechtfertigen uns: „Aber ich muss das doch genau erklären, sonst versteht man es nicht!" Bringt das was? Nein, denn Verdrängung löst keine Verbesserung aus.

Hören Sie stattdessen aufmerksam auf das, was andere Ihnen – auch zwischen den Zeilen – rückmelden. Und ändern Sie Ihre Sprechgewohnheiten. Auch wenn es anfänglich schwierig ist. Das ist besser, als den anderen auf die Nerven zu gehen.

Die drei Wirkungsfragen

Warten Sie nicht, bis die Menschen Ihnen sagen, dass etwas nicht stimmt mit Ihren Gesprächsbeiträgen. Beugen Sie vor. Fragen Sie sich:

- Davor: Wie wird das wirken, was ich gleich sagen werde?
- Danach: Wie hat es gewirkt?
- Was kann ich also besser machen?

Woran erkennen wir, wie wir auf andere wirken? Indem wir sie anschauen. Leider tun wir das zu selten. Wir sehen zwar, dass die Augen der anderen herumwandern und ihre Hände unruhig werden. Doch wir sind so mit dem Erzählen unserer Urlaubsstory beschäftigt, dass uns das nicht weiter auffällt. Sollte es aber. Denn wir verlieren gerade unsere Zuhörer.

■ *Beobachten Sie Mimik, Gestik, Körperhaltung und nonverbale Äußerungen Ihrer Gesprächspartner: Wie kommen Sie an?* ■

Am Anfang fällt das erfahrungsgemäß etwas schwer. Wir sind im Alltagsleben normalerweise so ego-zentriert, dass wir den Blick für den anderen verloren haben. Doch dieser Blick lässt sich wiedergewinnen. Wer gut „smalltalken" möchte, braucht ihn!

Überzogene Erwartungen und Fehlerkultur

Sind Ihre Erwartungen realistisch?

Womit sich Menschen, die an ihrem Small Talk arbeiten, am häufigsten schwer tun, sind überzogene Erwartungen. Sie lesen ein Buch über Small Talk und erwarten dann, dass sie morgen beim Gespräch mit dem gefürchteten Chef automatisch eine gute Figur machen.

■ *Machen Sie sich Ihre unbewussten Zielerwartungen klar.* ■

Das reicht meist schon, um sie zu relativieren. Und dann bemühen Sie sich um realistische Erwartungen.

Beim Small Talk gibt es keine „Fehler"

Das zweite häufige Hindernis auf dem Weg zu einem besseren Small Talk ist das eigene Fehler-Feed-back:

- „Was redest du denn da wieder? Du lernst das nie!"
- „Er sieht gelangweilt aus – ich bin einfach nicht unterhaltsam!"
- „Wie kann mir so ein Fehler unterlaufen?"

Machen Sie einen radikalen Schnitt: Streichen Sie den Begriff Fehler aus Ihrem Small Talk-Wortschatz. Sagen Sie sich zehnmal am Tag: Es gibt keine Fehler. Es gibt nur Feed-back. Wenn Sie an Ihrem Small Talk-Verhalten arbeiten, dann seien Sie sich selbst ein guter Trainer. Gute Trainer machen keine Vorwürfe, sondern motivieren. Sie nörgeln nicht, sondern ermutigen und belohnen. Feiern Sie Ihre kleinen und großen Erfolge. Freuen Sie sich darüber.

■ *Jeder kleine Erfolg, über den Sie sich bewusst freuen, verzehnfacht die Wahrscheinlichkeit, dass Sie bald wieder und noch größeren Erfolg haben.* ■

Seminare und Coaching

Mit den Tipps aus diesem TaschenGuide und mit ein, zwei Probetalks am Tag werden Sie Ihre Gesprächskompetenz binnen zwei bis drei Wochen stark verbessern. Sie und Ihre Zuhörer werden Sie kaum wiedererkennen. Sie werden stolz auf sich sein und Freude am Umgang mit Menschen haben.

Helfen Seminare?

Trotzdem besuchen jährlich zahlreiche Menschen Seminare, um redegewandt zu werden. Das ist nicht unbedingt notwendig – aber sie erreichen ihre Ziele auf diese Weise natürlich leichter, schneller und vor allem auf eine angenehmere Art. Denn mit einer Gruppe Gleichgesinnter zu lernen ist ein großer Trost und Ansporn.

Viele Menschen besuchen regelmäßig ein- bis zweimal im Jahr unter Umständen sogar das gleiche Seminar. Das macht durchaus Sinn: So frischen sie ihre Fähigkeiten und Kenntnisse auf. Es ist wie beim Sport: Eine Trainerstunde hier und da hat noch keinem geschadet.

Einzeltraining Coaching

Andere lassen sich in Sachen Small Talk coachen. Coaching ist, vereinfacht formuliert, ein Einzeltraining bei einem ausgebildeten Coach. Das Coaching ist meist nach einem halben Dutzend Sitzungen beendet. Oft ist das Problem auch nach einer Sitzung schon gelöst. Manche Menschen haben aus beruflichen Gründen einen Coach, der sie ständig zu wechselnden Fragestellungen betreut.

Hilfreich in bestimmten Situationen

Wenn Menschen sich im Small Talk coachen lassen, dann natürlich deshalb, weil er für sie enorm wichtig ist. Zum Beispiel weil sie eine bestimmte Sprechhemmung nicht allein überwinden können. Weil Small Talk für sie karriereentscheidend ist. Oder weil sie sich auf Gesprächssituationen vorbereiten möchten, denen sie noch nie begegnet und die extrem heikel sind. Zum Beispiel der erste Opernball, das erste Dinner mit dem neuen Vorstand, ein Besuch bei einem Topkunden. Wenn Ihre Gesprächsaufgaben weniger problematisch sind, können Sie sich natürlich auch selbst trainieren und coachen.

Literatur

Asgodom, Sabine: Reden ist Gold. So wird Ihr nächster Auftritt ein Erfolg. München 2000

Birkenbihl, Vera F.: Kommunikationstraining. Zwischenmenschliche Beziehungen erfolgreich gestalten. Landsberg 2004

Goleman, Daniel: Emotionale Intelligenz. München 1997

Hanisch, Horst: Knigge für Beruf und Karriere. München 2004

Mackay, Hugh: Warum hörst du mir nie zu? Zehn Regeln für eine bessere Kommunikation. München 1997

Märtin, Doris und Boeck, Karin: EQ – Gefühle auf dem Vormarsch. München 1996

Wlodarek, Eva: Mich übersieht keiner mehr. Größere Ausstrahlung gewinnen. Frankfurt am Main 1999

Stichwortverzeichnis